Sekundarstufe

Friedhelm Heitmann

Stationenlernen Kontinente

Asien

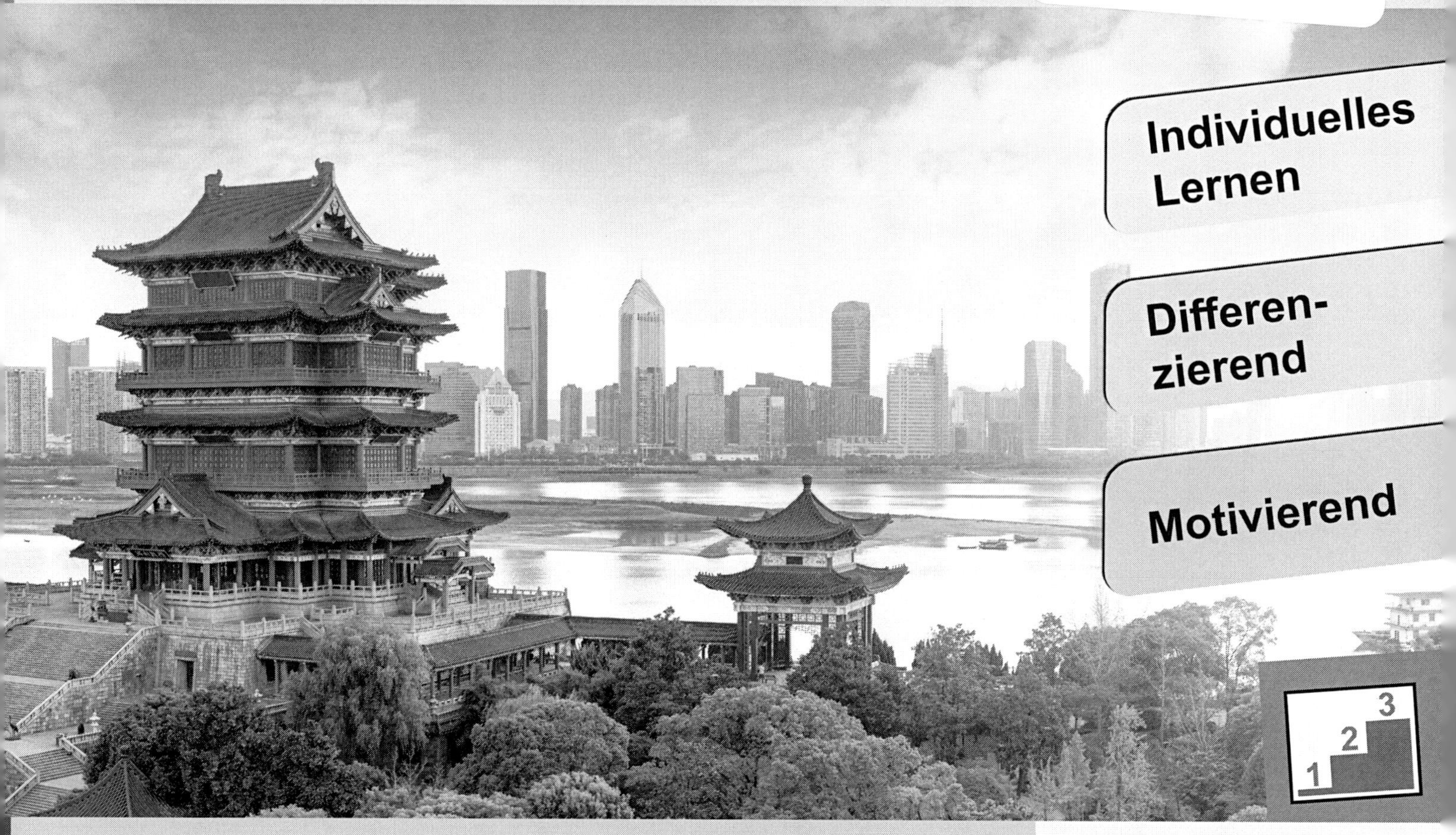

Individuelles Lernen

Differenzierend

Motivierend

- Übersichtliche Aufgabenkarten
- Schnelle Vorbereitung
- Mit Lösungen zur Selbstkontrolle

www.kohlverlag.de

Stationenlernen Kontinente
Asien

1. Auflage 2022

Inhalt: Friedhelm Heitmann
Coverbild: © gui yong nian - AdobeStock.com
Redaktion: Kohl-Verlag
Grafik & Satz: Simone Demler / Kohl-Verlag
Druck: farbo prepress GmbH, Köln

Bestell-Nr. 12 772

ISBN: 978-3-98558-170-2

Bildquellen © Adobe.Stock.com

S. 8: strichfiguren.de; S. 10: Hendrik; S. 11: Vitaliy Kaplin, katiekk2, ABCDstock, weixx, anekoho, refresh(PIX), Andrey Popov, Nurlan, rudi1976; S. 12: RTRO, Cezary Wojtkowski; S. 13+14: pbardocz; S. 16: vi_blackberry; S. 18: ablakat, diego mariottini-EyeEm; S. 20: Dariusz Kopestynski, Aldona, Naeblys; S. 22: bogdanserban, Paul; S. 23: klemenr; S. 24: Arid Ocean; S. 25: drutska; S. 26: Serg Zastavkin, Lukasz Janyst; S. 28: aranjuezmedi; S. 30: Janjana, Lalandrew, zinaidasopina112, Premium Stock Images; S. 32: Shchipkova Elena, pwmotion, adrian_ilie825, Itsanan; S. 34: Popova Olga, motive56, Yurgentum, Roman; S. 36: boubine; S. 37-40: neu_ ii-graphics; S. 41: Angkana, Doloh, Aleksandar Todorovic, Boris Stroujko, tawanlubfah, Leonid Andronov; S. 42: elen31, Emanuele Mazzoni, Cavan, diak, taoty, Lukas; S. 43: Patryk; S. 45: schame87; S. 46: f11photo; S. 52: Radek Vicar, Christoph; S. 54: oneinchpunch, Aleksandar Todorovic, Yan, Rangzen; S. 55+56: pbardocz; S. 57: Robert Kneschke; S. 58: Alexander Limbach, jamesteohart, Mathias Weil; S. 59: DragonTiger8, motortion; S. 60: bakhtiarzein, efired, weerasak; S. 62: Birgit, Iryna Volina, Pauline;

Bildquellen © wikipedia

S. 11: Игорь Шпиленок; S. 15: ugraland; S. 27: Ökologix; S. 28: Dr. Andreas Hugentobler, Сергин, Владимир Александрович; S. 44: user-Flicka; S. 48: SEDACMaps;

Der vorliegende Band ist eine Print-Einzellizenz

Sie wollen unsere Kopiervorlagen auch digital nutzen? Kein Problem – fast das gesamte KOHL-Sortiment ist auch sofort als PDF-Download erhältlich! Wir haben verschiedene Lizenzmodelle zur Auswahl:

	Print-Version	PDF-Einzellizenz	PDF-Schullizenz	Kombipaket Print & PDF-Einzellizenz	Kombipaket Print & PDF-Schullizenz
Unbefristete Nutzung der Materialien	x	x	x	x	x
Vervielfältigung, Weitergabe und Einsatz der Materialien im eigenen Unterricht	x	x	x	x	x
Nutzung der Materialien durch alle Lehrkräfte des Kollegiums an der lizenzierten Schule			x		x
Einstellen des Materials im Intranet oder Schulserver der Institution			x		x

Die erweiterten Lizenzmodelle zu diesem Titel sind jederzeit im Online-Shop unter www.kohlverlag.de erhältlich.

Inhalt

KOHL VERLAG Lernen mit Erfolg STATIONENLERNEN KONTINENTE Asien – Bestell-Nr. 12 772

Einsatz der Materialien

Liebe Kolleginnen, liebe Kollegen,

im vorliegenden Band wenden wir den Blick von Europa aus nach Osten. Der Band befasst sich mit Asien, dem flächengrößten und bevölkerungsreichsten Kontinent der Erde. Orientiert am Allgemeinwissen sowie an Allgemeinbildung sind Zielsetzungen, die Vermittlung und Überprüfung von Kenntnissen/Erkenntnissen über Asien. Dabei erfolgt die Betrachtung unter diversen geographischen und sonstigen Gesichtspunkten.

Der Band bietet vielfältige Informations- und Arbeitsmaterialien mit abwechslungsreichen Aufgabenstellungen für die Schüler. Methodisch dargeboten werden die Inhalte und Aufgaben als Stationenlernen. Zahlreiche Lernstationen hält der Band bereit. Die Lehrkräfte haben die freie Auswahl zu entscheiden, welche dieser Lernstationen sie im Unterricht anbieten. Hauptsächlich bestimmt sind die Materialien für den Einsatz in der Sekundarstufe I.

Nicht auszuschließen sind etwaige Fehler im Band – trotz sorgfältiger Bearbeitungen und Überprüfungen. Für Hinweise auf entdeckte Fehler und weitere Vorschläge zur Verbesserung des Bandes bedanken wir uns an dieser Stelle vorweg. Viele Erfolge beim Einsatz der Materialien wünschen Ihnen der Kohl-Verlag und

Friedhelm Heitmann

Bemerkungen zum Stationenlernen

Stationenlernen ist eine Form des offenen, selbstständigen Unterrichts. Von daher ist der dargebotene Band methodisch aufgeteilt in diverse Lernstationen. Die Schüler soll(t)en dabei die Möglichkeit haben auszuwählen, in welcher Reihenfolge sie die Materialien der einzelnen Lernstationen lesen und die zugehörigen Aufgaben bearbeiten. Auf der Seite 5 stehen jeweils Angaben zur Niveaustufe der jeweiligen Informations- sowie Arbeitsblätter. Es gibt Informations- und Arbeitsblätter der drei Niveaustufen:

⊙ = Grundlegendes Niveau   ! = Mittleres Niveau   ✶ = Erweitertes Niveau

Die erfolgte Zuordnung jedes Informations- und Arbeitsblattes zu einer bestimmten Niveaustufe beruht auf Einschätzungen, ist also letztlich subjektiv. Die Lehrkräfte kommen möglicherweise zu anderen Bewertungen des Niveaus der einzelnen Informations- und Arbeitsblätter und können dementsprechend Veränderungen vornehmen. Auch bleibt es den Lehrkräften überlassen, welche Informations- sowie Arbeitsblätter sie den Schülern anbieten und wie viele Lernstationen gebildet werden.

Symbole: ⊙ Grundlegendes Niveau   ! Mittleres Niveau   ✶ Erweitertes Niveau

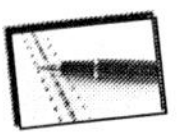

Schreibe in dein Heft/deinen Ordner oder auf ein Extrablatt.

Aufgrund der besseren Lesbarkeit wird im Folgenden die männliche Form Schüler bzw. Lehrer verwendet. Gemeint sind damit jedoch sowohl die weiblichen, als auch die männlichen Personen.

Übersicht

Die folgende Übersicht weist ganz bewusst keine Durchnummerierung der Lernstationen auf, damit die Lehrkräfte selbst entscheiden können, welche Lernstationen den Schülern angeboten werden und welche Nummer die jeweils ausgesuchte Lernstation erhalten soll.

Name der Lernstation	Niveau	Seite
Asien (Einführung)	⊙	7-8
Asien – Größe, Ausdehnung …	!	7-8
Asien im Gradnetz der Erde	⊙	9-10
Zeitzonen	!	9-10
10 Sehenswürdigkeiten in Asien	✶	11-12
Naturgeographie Asiens (Karte)	⊙	13-14
Sibirien	!	15-16
Korea – eine geteilte Halbinsel	⊙	17-18
Himalaya	⊙	19-20
Katar	✶	21-22
Malediven	✶	23-24
Das Relief in Asien	!	23-24
Klima(zonen) in Asien	!	25-26
Vegetation(szonen) in Asien	✶	27-28
Zur Tierwelt in Asien	!	29-30
Asien = 5 Kulturerdteile	!	31-32
Welcher Kulturerdteil …?	✶	33-34
Armut und Reichtum in Asien	!	33-34
Zur Geschichte Asiens	⊙	35-36
Religion(en) in Asien	⊙	37-38
Staaten in Asien	!	39-40
Städte und Staaten	!	41-42
Asien-Rallye von A… bis Z…	⊙	43-44
Was ist was?	!	45-46
Bevölkerung Asiens	⊙	47-48
Asien – diesmal mit Zahlen zum Rechnen	✶	49-50
Politik in Asien	!	51-52
Wirtschaft in Asien	!	53-54
Rekordhalter in Asien	⊙	55-56
Das weiß ich über Asien zu diesen Themen	!	57-58
Kreuzworträtsel	⊙	57-58
Wörterkette: Was fällt dir zu Asien ein?	✶	59-60
Meine Reise	✶	59-60
Steckbrief eines asiatischen Staates	✶	61-62
Wer wird Quiz-Champion? (Asien 1)	⊙!✶	63
Wer wird Quiz-Champion? (Asien 2)	⊙!✶	64

Name: ______________________________ Datum: ________________

Laufzettel zu den Lernstationen

⊙ Grundlegendes Niveau

Station	Stationsname	erledigt	korrigiert

! Mittleres Niveau

Station	Stationsname	erledigt	korrigiert

✶ Erweitertes Niveau

Station	Stationsname	erledigt	korrigiert

Asien (Einführung)

Asien

Aufgaben: **a)** *Was weißt du über Asien bereits oder glaubst du darüber zu wissen? Kreuze an, welche der Aussagen richtig und welche falsch sind.*

		Richtig	Falsch
1.	Asien ist der flächengrößte Kontinent der Erde.		
2.	In Asien gibt es die meisten unabhängigen Staaten aller Kontinente.		
3.	Auch ist Asien der durchschnittlich am höchsten gelegene Erdteil.		
4.	Von Europa ist Asien u. a. durch das Uralgebirge getrennt.		
5.	Eine größere Breite als Länge weist Asien auf.		
6.	Überwiegend maritimes Klima (= Seeklima) herrscht in Asien.		
7.	Von Norden nach Süden erstreckt sich Asien durch die polare, subpolare, gemäßigte, subtropische und tropische Klimazone.		
8.	Auf der Welt und damit auch in Asien leben die meisten Menschen in China.		
9.	Nach Amerika ist Asien der Erdteil mit den zweitmeisten Millionenstädten.		
10.	Verbreitet in Asien sind nur ganz wenige Religionen.		

b) *Verbessere jetzt schriftlich die falschen Aussagen!*

STATIONENLERNEN KONTINENTE Asien – Bestell-Nr. 12 772

Asien – Größe, Ausdehnung ...

Asien

Aufgabe: *Verfasse mit Hilfe der anschließenden stichwortartigen Aussagen einen zusammenhängenden Text in vollständigen Sätzen über Asien!*

Flächengröße Asiens = mehr als 44 Mio. km²

Asien = mehr als viermal so groß wie Europa

größte Nord-Süd-Ausdehnung Asiens = über 8 000 km

Europa + Asien = Eurasien

Verbindung Asiens mit Afrika durch die Landzunge von Suez

größte West-Ost-Ausdehnung Asiens ca. 11 000 km

natürliche Grenze zwischen Europa und Asien: Uralgebirge, Fluss Ural, Kaspisches Meer, Schwarzes Meer, Mittelmeer

Begrenzung Asiens im Norden durch das Nordpolarmeer, im Osten durch den Pazifischen Ozean, im Süden durch den Indischen Ozean

größte Staaten in Asien = Russland, China, Indien

größte Inselstaaten Asiens = Indonesien, Japan, Philippinen

STATIONENLERNEN KONTINENTE Asien – Bestell-Nr. 12 772

Asien (Einführung)

⦿

Asien

Lösungen

Aufgaben: **a)** *Richtig sind die folgenden Aussagen:*

		Richtig
1.	Asien ist der flächengrößte Kontinent der Erde.	X
4.	Von Europa ist Asien u. a. durch das Uralgebirge getrennt.	X
5.	Eine größere Breite als Länge weist Asien auf.	X
7.	Von Norden nach Süden erstreckt sich Asien durch die polare, subpolare, gemäßigte, subtropische und tropische Klimazone.	X
8.	Auf der Welt und damit auch in Asien leben die meisten Menschen in China.	X

b) *Die verbesserten falschen Aussagen:*

zu 2) Die meisten unabhängigen Staaten gibt es auf dem Kontinent Afrika.

zu 3) Der durchschnittlich am höchsten gelegene Erdteil ist Antarktika.

zu 6) Überwiegend kontinentales Klima (= Landklima) herrscht in Asien.

zu 9) Asien ist der Erdteil mit den meisten Millionenstädten.

zu 10) In Asien sind relativ viele Religionen verbreitet.

Asien – Größe, Ausdehnung ...

!

Asien

Lösungen

Aufgabe: *Individuelle Lösungen, z. B.:*

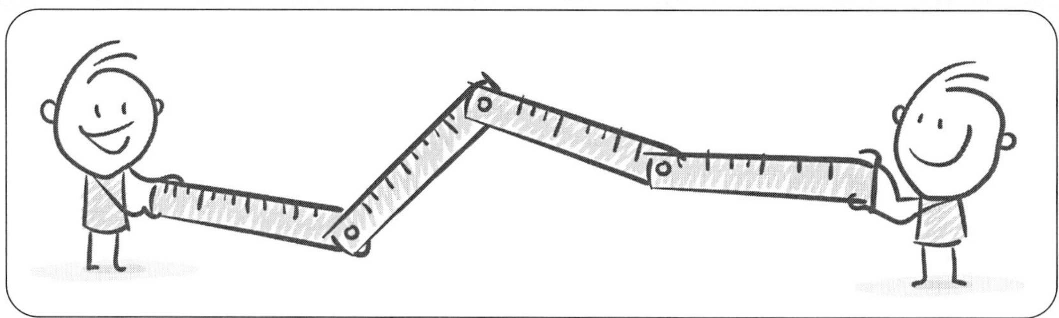

Zusammen mit Europa ergibt Asien den Doppelerdteil Eurasien. Asien ist mehr als viermal so groß wie Europa. Die größte West-Ost-Ausdehnung Asiens liegt bei ca. 11 000 km, die größte Nord-Süd-Ausdehnung bei über 8 000 km. Insgesamt beträgt die Flächengröße Asiens mehr als 44 Millionen km^2.

Die natürliche Grenze zwischen Europa und Asien bilden das Uralgebirge, der Fluss Ural, das Kaspische Meer, das Schwarze Meer und das Mittelmeer. Asien ist mit Afrika verbunden durch die Landzunge von Suez. Im Norden wird Asien begrenzt durch das Nordpolarmeer, im Osten durch den Pazifischen Ozean, im Süden durch den Indischen Ozean.

Die 3 größten asiatischen Staaten heißen Russland, China sowie Indien. Indonesien, Japan und Philippinen sind die 3 größten Inselstaaten Asiens.

Asien im Gradnetz der Erde

Asien

Das Gradnetz der Erde ist gegliedert in 90 nördliche und 90 südliche Breitengrade. Der Äquator bildet den nullten Breitengrad. Die Breitengrade verlaufen jeweils waagerecht. Im Weiteren ist die Erdoberfläche aufgeteilt in 180 westliche Längengrade sowie 180 östliche Längengrade. Der durch einen Londoner Vorort verlaufende Nullmeridian gilt als nullter Längengrad. Den 180. Längengrad gibt es nur einmal; er ist zugleich ein westlicher und östlicher Längengrad. Im Gegensatz zu den Breitengraden verlaufen die Längengrade senkrecht. Jede Stelle auf der Erde weist einen jeweiligen Breiten- und Längengrad auf.

Aufgabe: *Nimm einen Atlas zur Hilfe und finde heraus:*

1) Durch welchen Staat in Asien verläuft der Äquator? ________________________

2) Welchen Staat in Asien durchquert der nördliche Polarkreis (= 66,5° nördliche Breite)? ____________

3) Welche Staaten in Asien durchläuft der nördliche Wendekreis (= 23,5° nördliche Breite)?

____

4) Bestimme die (ungefähren) Koordinaten (= Breitengrad und Längengrad) der chinesischen Hauptstadt Peking (= Beijing)! ____

5) Etwa zwischen welchem Breitengrad im Norden und welchem Breitengrad im Süden erstreckt sich das Festland des Kontinents Asien?

____

6) Zwischen welchen beiden ungefähren Längengraden liegt das Festland des Kontinents Asien?

____

Zeitzonen

!

Asien

Aufgabe: *Setze die folgenden Wörter in den anschließenden Sätzen an der jeweils richtigen Stelle ein:*

Europa – Fernreisen – Japan – Katar – Osten – Sonderzeitzonen – Staaten – Stunde – Westen – Zeitzonen

1) Die Erde dreht sich von ________________ nach Osten um sich selbst.

2) Von daher gibt es etliche ________________ auf der Erde.

3) Dies gilt es unbedingt zu bedenken, wenn man ________________ (z. B. per Flugzeug) unternimmt.

4) Von Europa aus gesehen liegt der Kontinent Asien im ________________.

5) In Asien sind die Uhrzeiten immer weiter vorangeschritten als in ________________.

6) Wenn es beispielsweise in Hamburg 12 Uhr (mittags) ist, beträgt die Uhrzeit in ________________ 14 Uhr – sofern keine Verschiebung durch die Sommer- bzw. Winterzeit gegeben ist.

7) Gleichzeitig zeigen die Uhren in ________________ bereits 24 Uhr an.

8) Asien erstreckt sich über so manche Zeitzonen mit jeweils 1 vollen ________________ Zeitverschiebung von einer Zeitzone zur benachbarten Zeitzone.

9) Im Weiteren bestehen in einigen asiatischen Staaten ________________, die von der Zeitverschiebung um 1 volle Stunde abweichen.

10) Dies betrifft u. a. die ________________ Iran, Afghanistan, Indien, Myanmar.

Asien im Gradnetz der Erde

Asien

Lösungen

Aufgabe:

1) Durch welchen Staat in Asien verläuft in Asien der Äquator?
Indonesien

2) Welchen Staat in Asien durchquert der nördliche Polarkreis (= 66,5° nördliche Breite)?
Russland

3) Welche Staaten in Asien durchläuft der nördliche Wendekreis (= 23,5° nördliche Breite)?
Saudi-Arabien, Vereinigte Arabische Emirate, Oman, Indien, Bangladesch, Myanmar, China, Taiwan

4) Bestimme die (ungefähren) Koordinaten (= Breitengrad und Längengrad) der chinesischen Hauptstadt Peking (= Beijing)!
ca. 40° nördl. Breite / ca. 116° östl. Länge

5) Etwa zwischen welchem Breitengrad im Norden und welchem Breitengrad im Süden erstreckt sich das Festland des Kontinents Asien?
ca. zwischen 78° nördl. Breite und ca. 1° südl. Breite

6) Zwischen welchen beiden ungefähren Längengraden liegt das Festland des Kontinents Asien?
ca. zwischen 26° östl. Länge und ca. 170° westl. Länge

!

Asien

Lösungen

Aufgabe:

1) Die Erde dreht sich von Westen nach Osten um sich selbst.
2) Von daher gibt es etliche Zeitzonen auf der Erde.
3) Dies gilt es unbedingt zu bedenken, wenn man Fernreisen (z. B. per Flugzeug) unternimmt.
4) Von Europa aus gesehen liegt der Kontinent Asien im Osten.
5) In Asien sind die Uhrzeiten immer weiter vorangeschritten als in Europa.
6) Wenn es beispielsweise in Hamburg 12 Uhr (mittags) ist, beträgt die Uhrzeit in Katar 14 Uhr – sofern keine Verschiebung durch die Sommer- bzw. Winterzeit gegeben ist.
7) Gleichzeitig zeigen die Uhren in Japan bereits 24 Uhr an.
8) Asien erstreckt sich über so manche Zeitzonen mit jeweils 1 vollen Stunde Zeitverschiebung von einer Zeitzone zur benachbarten Zeitzone.
9) Im Weiteren bestehen in einigen asiatischen Staaten Sonderzeitzonen, die von der Zeitverschiebung um 1 volle Stunde abweichen.
10) Dies betrifft u. a. die Staaten Iran, Afghanistan, Indien, Myanmar.

10 Sehenswürdigkeiten in Asien

Aufgaben: *Informiere dich über die 10 Sehenswürdigkeiten (z. B. im Internet). Schreibe dann in eigenen Sätzen kurze Informationen zu jeder Sehenswürdigkeit auf!*

1) Transsibirische Eisenbahn

2) Kamtschatka

3) Mongolei (Jurte)

4) Chinesische Mauer

5) Peking (= Beijing)

6) Kambodscha (Angkor Wat)

7) Agra (Taj Mahal)

8) Dubai

9) Mekka (Kaaba)

10) Jerusalem

STATIONENLERNEN KONTINENTE Asien – Bestell-Nr. 12 772
KOHL VERLAG Lernen mit Erfolg

10 Sehenswürdigkeiten in Asien

Lösungen

Aufgaben:

1) Transsibirische Eisenbahn:
   – verbindet die russische Hauptstadt Moskau mit Wladiwostok am Pazifischen Ozean;
   – Eisenbahnstrecke über 9 000 km lang
2) Kamtschatka:
   – sehr große Halbinsel, zugehörig zu Russland;
   – Halbinsel gebirgig, viele Vulkane
3) Mongolei (Jurte):
   – Staat = sehr dünn besiedelt;
   – Jurte = typisches Zelt der Nomaden in der Mongolei
4) Chinesische Mauer:
   – längstes Bauwerk auf der Erde;
   – errichtet in früheren Zeiten zum Schutz vor Einfällen von Mongolen im chinesischen Raum
5) Peking (= Beijing):
   – Hauptstadt Chinas;
   – Sehenswürdigkeit u. a. die „Verbotene Stadt" (= Sitz der ehemaligen chinesischen Kaiser)
6) Kambodscha (Angkor Wat):
   – Angkor = Ruinenstadt, Zentrum der Khmerkultur im Zeitraum ca. 9.-15. Jahrhundert;
   – Angkor Wat = berühmte Tempelanlage
7) Agra (Taj Mahal):
   – Agra = Stadt in Indien;
   – dort: Taj Mahal = im 17. Jahrhundert erbautes Mausoleum für die Ehefrau eines Herrschers
8) Dubai:
   – Dubai = Stadt und Scheichtum in den Vereinigten Arabischen Emiraten;
   – durch Erdölvorkommen sehr reich geworden, viele neue Bauten
9) Mekka (Kaaba):
   – Stadt in Saudi-Arabien;
   – Zentrum des Islams mit der Kaaba (= würfelförmiges Bauwerk)
10) Jerusalem:
   – heilige Stadt der Juden, Christen, Muslime;
   – Hauptstadt des Staates Israel

Naturgeographie Asiens (Karte) 

Aufgabe: *Trage die 25 nummerierten Namen ein!* (Hilfsmittel: Atlas oder Internet)

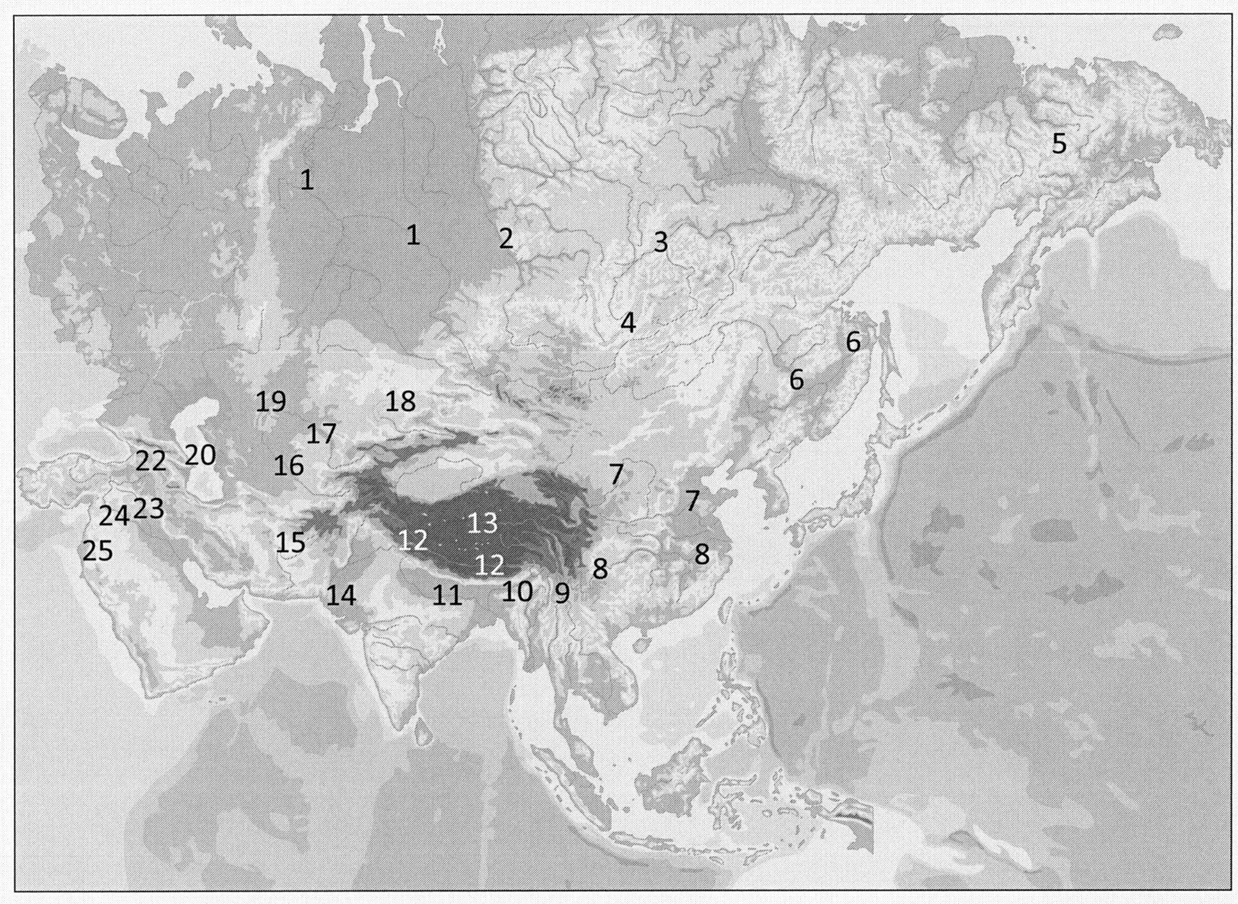

1) ______________________________ (Fluss)

2) ______________________________ (Fluss)

3) ______________________________ (Fluss)

4) ______________________________ (Binnensee)

5) ______________________________ (Gebirgsland)

6) ______________________________ (Fluss)

7) ______________________________ (Fluss)

8) ______________________________ (Fluss)

9) ______________________________ (Fluss)

10) ______________________________ (Fluss)

11) ______________________________ (Fluss)

12) ______________________________ (Hochgebirge)

13) ______________________________ (Hochland)

14) ______________________________ (Fluss)

15) ______________________________ (Hochland)

16) ______________________________ (Fluss)

17) ______________________________ (Fluss)

18) ______________________________ (Binnensee)

19) ______________________________ (Binnensee)

20) ______________________________ (Binnensee)

21) ______________________________ (Mittelgebirge)

22) ______________________________ (Hochgebirge)

23) ______________________________ (Fluss)

24) ______________________________ (Fluss)

25) ______________________________ (Binnensee)

Naturgeographie Asiens (Karte)

Asien

Lösungen

Aufgabe:

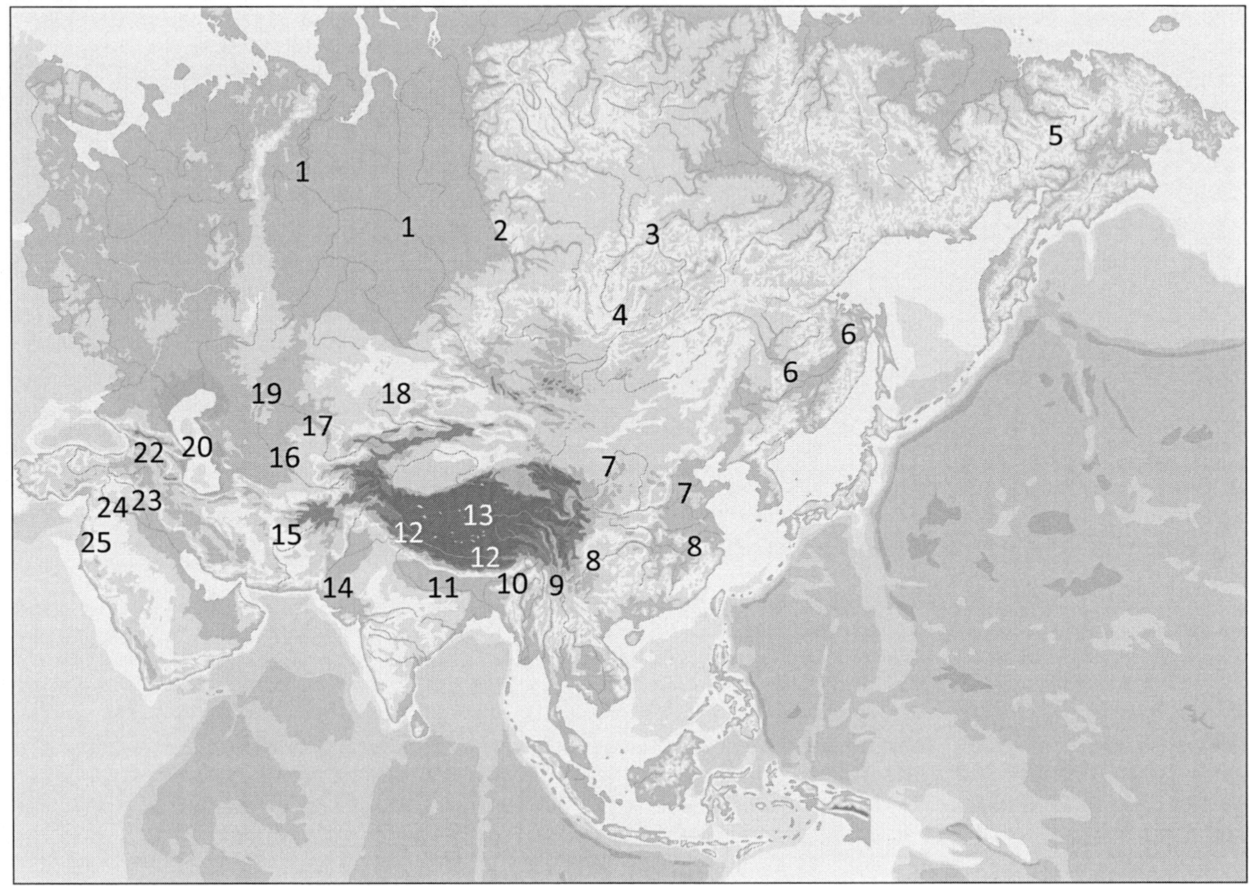

1) Ob (Fluss)
2) Jenissei (Fluss)
3) Lena (Fluss)
4) Baikalsee (Binnensee)
5) Ostsibirisches Gebirgsland (Gebirgsland)
6) Amur (Fluss)
7) Huangho (Fluss)
8) Jangtsekiang (Fluss)
9) Mekong (Fluss)
10) Brahmaputra (Fluss)
11) Ganges (Fluss)
12) Himalaya (Hochgebirge)
13) Hochland von Tibet (Hochland)
14) Indus (Fluss)
15) Hochland von Iran (Hochland)
16) Amu-Darja (Fluss)
17) Syr-Darja (Fluss)
18) Balchaschsee (Binnensee)
19) Aralsee (Binnensee)
20) Kaspisches Meer (Binnensee)
21) Uralgebirge (Mittelgebirge)
22) Kaukasus (Hochgebirge)
23) Tigris (Fluss)
24) Euphrat (Fluss)
25) Totes Meer (Binnensee)

Sibirien

!

Aufgabe: *In den anschließenden Sätzen fehlt jeweils ein Verb (= Zeitwort). Setze geeignete Verben in die Sätze ein!*

1) Den nördlichen Teil des Erdteils Asien ________________ Sibirien.
2) Sibirien ________________ sich vom Uralgebirge im Westen bis zum Pazifischen Ozean im Osten.
3) Von Norden nach Süden betrachtet ________________ Sibirien vom Nordpolarmeer bis zu den Gebirgsrändern Zentralasiens.
4) Mit einer Gesamtfläche von über 13 Mio. km² ________________ Sibirien fast ein Drittel der Gesamtfläche Asiens ein.
5) Sehr vereinfacht lässt sich Sibirien ________________ in die Westsibirische Tiefebene, das Mittelsibirische Bergland sowie das Ostsibirische Gebirgsland.
6) ________________ wird Sibirien von sehr langen Flüssen wie Irtysch, Ob, Jenissei, Lena ... , die hauptsächlich von Süden nach Norden fließen.
7) In Sibirien ________________ überwiegend kontinentales Klima (= sehr kalte Winter, jedoch kurzzeitig warme bis heiße Sommer).
8) Im Norden Sibiriens ________________ die Vegetationszone Tundra mit karger Vegetation.
9) Südlich davon ________________ die Taiga (= größtes Nadelwaldgebiet auf der Erde), anschließend dann Steppen.

Chanten-Mädchen (ein eingeborenes Volk) aus Mittelsibirien beim Beerensammeln

10) Die Bezeichnung Sibirien soll aus der turktatarischen Sprache ________________: *suberi* = wässrige Wildnis
11) Zu lesen ist aber auch, dass „sibir“ wörtlich übersetzt so viel wie „die Schlafende“ ____________.
12) Wie dem auch sei, in jedem Fall ________________ Sibirien politisch zu Russland, dem weitaus größten Staat der Erde.
13) Im Laufe vergangener Jahrhunderte ________________ russische Herrscher ihre Herrschaft u. a. immer weiter nach Osten aus und damit nach (sowie später in) Sibirien.
14) Die Bewohner Sibiriens ________________ sich zusammen vor allem aus Russen, im Weiteren auch aus zahlreichen anderen Völkern (Burjaten, Jakuten, Tschuktschen ...).
15) Russland ________________ sehr von den vielen, in großen Mengen vorhandenen Rohstoffen und Bodenschätzen in Sibirien.

STATIONENLERNEN KONTINENTE Asien – Bestell-Nr. 12 772
KOHL VERLAG

Sibirien

!

Asien

Lösungen

Aufgabe:

1) Den nördlichen Teil des Erdteils Asien bildet Sibirien.
2) Sibirien erstreckt sich vom Uralgebirge im Westen bis zum Pazifischen Ozean im Osten.
3) Von Norden nach Süden betrachtet reicht Sibirien vom Nordpolarmeer bis zu den Gebirgsrändern Zentralasiens.
4) Mit einer Gesamtfläche von über 13 Mio. km^2 nimmt Sibirien fast ein Drittel der Gesamtfläche Asiens ein.
5) Sehr vereinfacht lässt sich Sibirien unterteilen in die Westsibirische Tiefebene, das Mittelsibirische Bergland sowie das Ostsibirische Gebirgsland.
6) Durchzogen wird Sibirien von sehr langen Flüssen wie Irtysch, Ob, Jenissei, Lena ... , die hauptsächlich von Süden nach Norden fließen.

Die Lenafelsen südlich von Jakutsk an dem Fluss Lena sind als Weltnaturerbe ausgewiesen.

7) In Sibirien herrscht überwiegend kontinentales Klima (= sehr kalte Winter, jedoch kurzzeitig warme bis heiße Sommer).
8) Im Norden Sibiriens besteht die Vegetationszone Tundra mit karger Vegetation.
9) Südlich davon folgen die Taiga (= größtes Nadelwaldgebiet auf der Erde), anschließend dann Steppen.
10) Die Bezeichnung Sibirien soll aus der turktatarischen Sprache stammen: suberi = wässrige Wildnis
11) Zu lesen ist aber auch, dass „sibir“ wörtlich übersetzt so viel wie „die Schlafende“ heißt.
12) Wie dem auch sei, in jedem Fall gehört Sibirien politisch zu Russland, dem weitaus größten Staat der Erde.
13) Im Laufe vergangener Jahrhunderte dehnten russische Herrscher ihre Herrschaft u. a. immer weiter nach Osten aus und damit nach (sowie später in) Sibirien.
14) Die Bewohner Sibiriens setzen sich zusammen vor allem aus Russen, im Weiteren auch aus zahlreichen anderen Völkern (Burjaten, Jakuten, Tschuktschen ...).
15) Russland profitiert sehr von den vielen, in großen Mengen vorhandenen Rohstoffen und Bodenschätzen in Sibirien.

Korea – eine geteilte Halbinsel

Die Halbinsel Korea liegt in Ostasien. Sie erstreckt sich zwischen dem Gelben Meer im Westen und dem Japanischen Meer im Osten. Überwiegend gebirgig ist die Halbinsel Korea vor allem in der Osthälfte. Dagegen ist die Westseite der Halbinsel (weitaus) niedriger, insbesondere in Küstengebieten.

Auf der Halbinsel bestehen 2 Staaten, die sich in Gegnerschaft, ja Feindschaft gegenüberstehen: Nordkorea und Südkorea. Die Gründung beider Staaten erfolgte im Jahr 1948. Während des „kalten Krieges" entstand zuerst Südkorea, kurz darauf Nordkorea. Seit dem Ende des Korea-Krieges (1950-1953) verläuft die stark bewachte Grenze zwischen Nordkorea und Südkorea in etwa entlang dem 38. nördlichen Breitengrad.

Aufgabe: *Ordne richtig zu: Welche der anschließenden Angaben beziehen sich auf den Staat Nordkorea, welche Angaben auf den Staat Südkorea?* (Hilfsmittel: Atlas, Internet)

Flächengröße: ca. 99 300 km²

Flächengröße: ca. 120 500 km²

Einwohnerzahl: ca. 52 Mio.

Einwohnerzahl: ca. 26 Mio.

Bevölkerungsdichte: ca. 215 Einw./km²

Bevölkerungsdichte: ca. 525 Einw./km²

Hauptstadt: Seoul

Hauptstadt: Pjöngjang

Staatsform: Präsidiale Republik

Staatsform: Volksrepublik (Kommunistisches Einparteiensystem)

Lebenserwartung der Bevölkerung: höher

Lebenserwartung der Bevölkerung: geringer

Klima: wärmer

Wirtschaftsordnung: Marktwirtschaft

Wirtschaftsordnung: Planwirtschaft

Klima: kühler

Bruttoinlandsprodukt pro Kopf: weitaus höher

Bruttoinlandsprodukt pro Kopf: weitaus niedriger

Waffen: besitzt Atomwaffen

Waffen: besitzt keine Atomwaffen

	Nordkorea	Südkorea
Flächengröße		
Einwohnerzahl		
Bevölkerungsdichte		
Staatsform		
Hauptstadt		
Lebenserwartung der Bevölkerung		
Wirtschaftsordnung		
Bruttoinlandsprodukt pro Kopf		
Klima		
Waffen		

Korea – eine geteilte Halbinsel 

Lösungen

Aufgabe:

	Nordkorea	Südkorea
Flächengröße	ca. 120 500 km²	ca. 99 300 km²
Einwohnerzahl	ca. 26 Mio.	ca. 52 Mio.
Bevölkerungsdichte	ca. 215 Einw./km²	ca. 525 Einw./km²
Staatsform	Volksrepublik (Kommunistisches Einparteiensystem)	Präsidiale Republik
Hauptstadt	Pjöngjang	Seoul
Lebenserwartung der Bevölkerung	geringer	höher
Wirtschaftsordnung	Planwirtschaft	Marktwirtschaft
Bruttoinlandsprodukt pro Kopf	weitaus niedriger	weitaus höher
Klima	kühler	wärmer
Waffen	besitzt Atomwaffen	besitzt keine Atomwaffen

Eindrücke aus der Hauptstadt Nordkoreas

... und aus der Hauptstadt Südkoreas

Himalaya

Nicht das längste, aber das höchste Gebirge der Erde ist der Himalaya. 14 Berge gibt es auf der Landoberfläche der Erde, die die Höhe von 8 000 m übertreffen. Von diesen Bergen liegen 10 im Himalaya. Die 4 übrigen Berge befinden sich ebenfalls in Asien – und zwar in dem an den Himalaya angrenzenden Gebirge Karakorum. Der im Himalaya gelegene Mount Everest bildet mit einer Höhe von ca. 8 850 m den höchsten Berg auf unserem Planeten. Der Mount Everest erhebt sich an der Grenze zwischen den beiden Staaten Nepal und China. Benannt ist der Berg nach dem britischen Landvermesser George Everest (1790-1866), der in Südasien tätig war. Die Nepalesen bezeichnen den Berg als Sagarmatha, was übersetzt so viel wie „Himmelsgipfel" heißt.

Eine Länge von über 2 500 km weist der Himalaya auf. Anteil am Himalaya (= Anrainer-Staaten) haben die Staaten Pakistan, Indien, China, Nepal, Bhutan sowie Myanmar. Das Wort Himalaya stammt aus der Sprache Sanskrit (= altindische Sprache):

hima (Sanskrit) = Schnee; *alaya* (Sanskrit) = Ort, Wohnsitz

Das Wort Himalaya lässt sich (also) in die deutsche Sprache übersetzen mit „Heimat des Schnees". Im Himalaya erstreckt sich die klimatische Schneegrenze (bisher) im Bereich von ca. 4 800 m - 6 000 m. Oberhalb dieses Bereiches liegen ständig Schnee und Eis.

Ebenso wie die meisten Hochgebirge auf der Erde (z. B. Alpen ...) gilt der Himalaya als ein Faltengebirge. Die Entstehung des Himalayas lässt sich mit der Theorie der Plattentektonik erklären: Demnach stieß und stößt die Indisch-Australische Erdplatte von Süden her heftig gegen die Eurasische Kontinentalplatte. Dadurch wurde vor Ort die Erdoberfläche gefaltet und nach oben gedrückt. Dieser Vorgang hält weiterhin an.

Aufgabe: *Ergänze zu vollständigen Sätzen:*

1) Der Himalaya ist das ______________________________

2) Im Himalaya sind ______ Berge höher als 8 000 m.

3) Der Mount Everest weist eine Höhe auf von ca. ______________

4) Der Mount Everest liegt an der Grenze zwischen den beiden Staaten ________________

5) Der Mount Everest trägt den Namen des

____

6) Die Nepalesen nennen den Mount Everest ______________________

7) Der Himalaya ist über ______________ lang.

8) Anrainer-Staaten des Himalayas sind

____

9) Übertragen aus der Sprache Sanskrit in die deutsche Sprache heißt Himalaya so viel wie

____

10) Die klimatische Schneegrenze im Himalaya liegt (bislang) im Bereich von ca.

____

11) Der Himalaya zählt zu den __________gebirgen.

12) Der Himalaya ist entstanden durch den Zusammenstoß der

____

KOHL VERLAG Lernen mit Erfolg STATIONENLERNEN KONTINENTE Asien – Bestell-Nr. 12 772

Himalaya

Lösungen

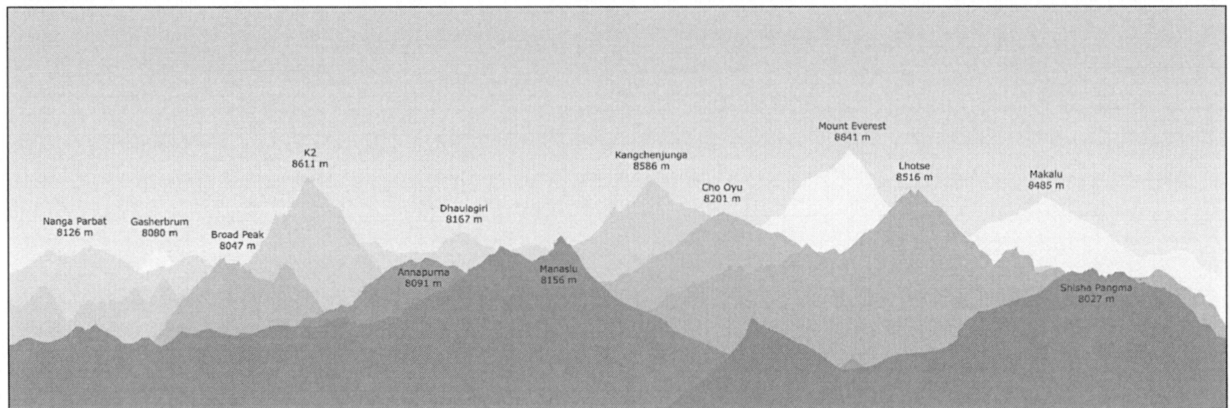

Aufgabe:

1) Der Himalaya ist das höchste Gebirge der Erde.
2) Im Himalaya sind 10 Berge höher als 8 000 m.
3) Der Mount Everest weist eine Höhe auf von ca. 8 850 m.
4) Der Mount Everest liegt an der Grenze zwischen den beiden Staaten Nepal und China.
5) Der Mount Everest trägt den Namen des britischen Landvermessers George Everest.

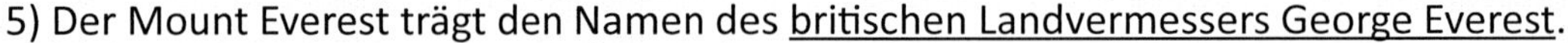

6) Die Nepalesen nennen den Mount Everest Sagarmatha (= „Himmelsgipfel").
7) Der Himalaya ist über 2 500 km lang.
8) Anrainer-Staaten des Himalayas sind Pakistan, Indien, China, Nepal, Bhutan und Myanmar.
9) Übertragen aus der Sprache Sanskrit in die deutsche Sprache heißt Himalaya so viel wie „Heimat des Schnees".
10) Die klimatische Schneegrenze im Himalaya liegt (bislang) im Bereich von ca. 4 800 m - 6 000 m.
11) Der Himalaya zählt zu den Faltengebirgen.
12) Der Himalaya ist entstanden durch den Zusammenstoß der Indisch-Australischen Erdplatte mit der Eurasischen Kontinentalplatte.

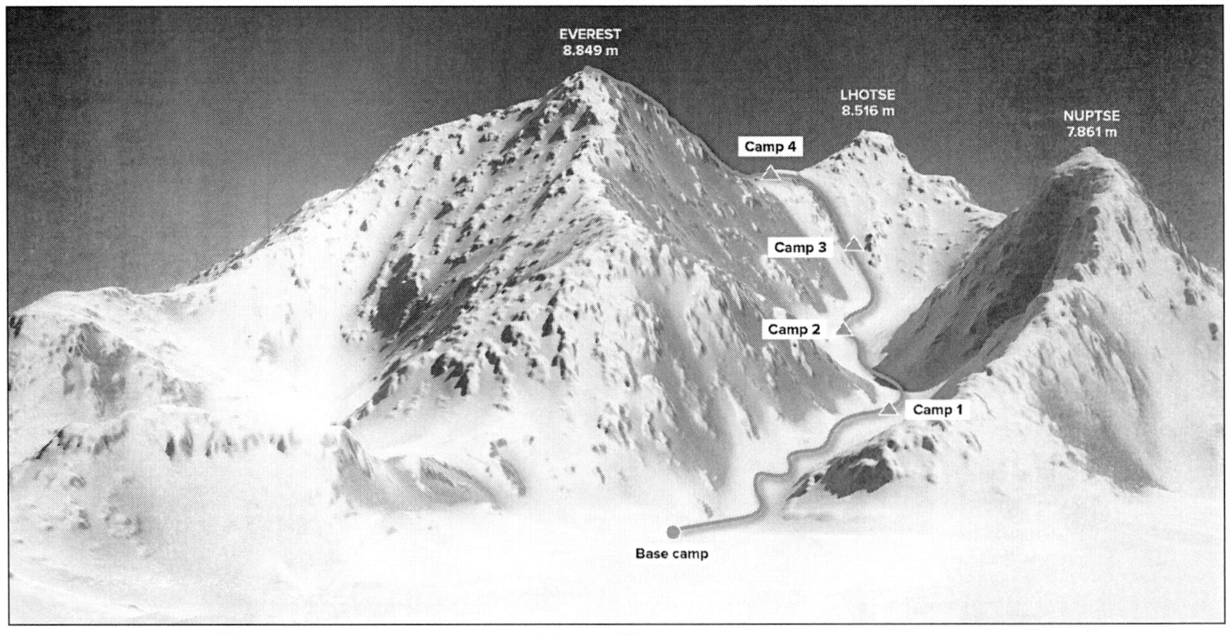

Mount Everest

Katar

Aufgaben: **a)** *In Gedanken reisen wir durch Asien und gelangen dabei nach Katar. Kreuze entsprechend an: Welche der folgenden Sätze sind richtig, welche falsch?*

		Richtig	Falsch
1.	Katar liegt auf einer Halbinsel, die in den Persischen Golf hineinragt.		
2.	Zum Staat Katar gehören einige sehr (kleine) Inseln.		
3.	Die Gesamtfläche Katars beträgt ca. 110 000 km².		
4.	Im Jahr 1971 wurde Katar ein unabhängiger Staat, zuvor war es ein französisches Protektorat (= Schutzgebiet) seit 1916.		
5.	Eine demokratisch-parlamentarische Republik ist Katar.		
6.	In Katar gibt es keine politischen Parteien.		
7.	Der Islam ist Staatsreligion in Katar.		
8.	Englisch ist die Amtssprache in Katar.		
9.	Die Hauptstadt von Katar heißt Abu Dhabi.		
10.	In Katar leben mehr Menschen aus anderen Staaten (= Ausländer) als katarische Staatsbürger.		
11.	Die natürliche Oberfläche Katars ist überwiegend eine Graslandschaft.		
12.	Die Landschaft Katars weist allenfalls geringe natürliche Erhebungen auf.		
13.	Nur ein ganz kleiner Teil der Landfläche Katars ist landwirtschaftlich nutzbar.		
14.	Katar liegt in der tropischen Klimazone.		
15.	Das (durchschnittliche) Bruttoinlandsprodukt pro Kopf der Bevölkerung ist hoch.		
16.	Auch die ausländischen Arbeitskräfte, die in Katar körperliche Tätigkeiten leisten, werden sehr gut bezahlt.		
17.	Das soziale Fürsorgesystem für die Katarer im Staat gilt als (sehr) gut.		
18.	Vor allem den Bodenschätzen Eisenerz und Erdgas verdankt Katar seinen Reichtum.		
19.	In Katar wurde bereits eine Eishockeyweltmeisterschaft ausgetragen.		
20.	Kritik wird an Katar geübt, die Austragung der Endrunde der Fußballweltmeisterschaft (2022) erkauft zu haben.		

b) *Verbessere jetzt schriftlich die falschen Aussagen!*

Katar ★

Lösungen

Aufgaben: **a)** *Richtig sind die folgenden Aussagen:*

		Richtig
1.	Katar liegt auf einer Halbinsel, die in den Persischen Golf hineinragt.	X
2.	Zum Staat Katar gehören einige sehr (kleine) Inseln.	X
6.	In Katar gibt es keine politischen Parteien.	X
7.	Der Islam ist Staatsreligion in Katar.	X
10.	In Katar leben mehr Menschen aus anderen Staaten (= Ausländer) als katarische Staatsbürger.	X
12.	Die Landschaft Katars weist allenfalls geringe natürliche Erhebungen auf.	X
13.	Nur ein ganz kleiner Teil der Landfläche Katars ist landwirtschaftlich nutzbar.	X
15.	Das (durchschnittliche) Bruttoinlandsprodukt pro Kopf der Bevölkerung ist hoch.	X
17.	Das soziale Fürsorgesystem für die Katarer im Staat gilt als (sehr) gut.	X
20.	Kritik wird an Katar geübt, die Austragung der Endrunde der Fußballweltmeisterschaft (2022) erkauft zu haben.	X

Al Bidda Tower, Doha

b) *Die verbesserten falschen Aussagen:*

zu 3) Die Gesamtfläche Katars beträgt ca. <u>11 000</u> km².

zu 4) Im Jahr 1971 wurde Katar ein unabhängiger Staat, zuvor war es ein <u>britisches</u> Protektorat (= Schutzgebiet) seit 1916.

zu 5) Eine <u>absolutistische Monarchie („Emirat")</u> ist Katar.

zu 8) <u>Arabisch</u> ist die Amtssprache in Katar.

zu 9) Die Hauptstadt von Katar heißt <u>Doha</u>.

zu 11) Die natürliche Oberfläche Katars ist überwiegend eine <u>Wüstenlandschaft</u>.

zu 14) Katar liegt in der <u>subtropischen Klimazone</u>.

zu 16) Die ausländischen Arbeitskräfte, die in Katar körperliche Tätigkeiten leisten, werden <u>(oft) schlecht bezahlt</u>.

zu 18) Vor allem den Bodenschätzen <u>Erdöl</u> und Erdgas verdankt Katar seinen Reichtum.

zu 19) In Katar wurden bisher so manche Weltmeisterschaften (Handball, Leichtathletik ...) ausgetragen, aber noch <u>keine Eishockeyweltmeisterschaft</u>.

Malediven ✶

Asien

Mit dem Flugzeug erreichen wir gedanklich die Malediven. Wir landen auf dem Flughafen der maledivischen Hauptstadt Male, die auf der gleichnamigen Insel liegt. Die Malediven sind ein Inselstaat im Indischen Ozean; sie werden Asien zugerechnet ...

Aufgabe: *Informiere dich näher über die Malediven (z. B. im Internet). Was lässt sich im Weiteren Wesentliches über die Malediven sagen? Verfasse einen Text (Länge: etwa 1 Seite) in eigenen Sätzen über diesen Inselstaat.*

Flughafen Malé, Malediven

Das Relief in Asien !

Asien

Als Relief bezeichnet man in der Geographie die Oberflächenformen (Höhengestaltung) der Erde. Asien ist ein relativ hoch gelegener Kontinent. Nach Antarktika [1] bildet Asien mit einem mittleren Wert von ca. 960 m Höhe den durchschnittlich zweithöchsten Kontinent der Erde. Jedoch weist Asien mit dem Himalaya und dem Mount Everest (≈ 8 850 m hoch) das höchste Gebirge sowie den höchsten Berg auf der Erde auf. Es gibt auf diesem Planeten insgesamt 14 Berge, die eine Höhe von mehr als 8 000 m erreichen. Zehn dieser „Achttausender" befinden sich im Himalaya.

Das Relief Asiens ist sehr verschieden, unterschiedliche Großlandschaften bestehen. Asien erstreckt sich von der (großen) Arabischen Halbinsel über das Gebirge Himalaya, das Hochland von Tibet, große Tiefebenen vor allem in Sibirien (u. a. Westsibirisches Tiefland) bis nach Südostasien. Von Europa wird Asien u. a. durch das Mittelgebirge Ural getrennt. Gebirgsregionen, Hochebenen, Beckenlandschaften und Tiefebenen wechseln sich in Asien unregelmäßig ab. In Asien und am Rande treffen verschiedene Erdplatten aufeinander. Z. B. stößt die Indisch-Australische Erdplatte gegen die Eurasische Erdplatte. Dieser Vorgang bewirkt(e) die Entstehung und zunehmende Erhöhung des Gebirges Himalaya. Im östlichen Bereich Asiens schiebt sich insbesondere die Pazifische Erdplatte unter die Eurasische. Dadurch kommt es zu Erdbeben und Vulkanismus.

Aufgabe: *Schreibe in eigenen Sätzen auf:*
Was kannst du zum Relief in Asien sagen?

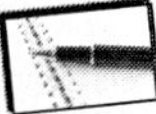

[1] durchschnittliche Höhe Antarktikas: ca. 2 200 m

STATIONENLERNEN KONTINENTE Asien – Bestell-Nr. 12 772

Malediven

Asien

Lösungen

Aufgabe: Individuelle Lösungen wie z. B.:

Die Bezeichnung Malediven bedeutet aus der Sprache der einheimischen Bevölkerung übersetzt in etwa „Inselkette". Das Staatsgebiet der Malediven besteht aus ca. 1 200 Inseln, davon sind rund 220 ständig bewohnt. Die Inselkette Malediven erstreckt sich in Nord-Süd-Richtung über eine Länge von mehr als 850 km. Die Gesamtfläche aller maledivischen Inseln beträgt jedoch nur ungefähr 300 km².

Bei den maledivischen Inseln handelt es sich in der Regel um Koralleninseln, d. h. sie sind wesentlich aus Kalksteinablagerungen der Hohltiere Korallen aufgebaut. Die Inselwelt der Malediven wird gegliedert in so manche Atolle. Atolle sind ringförmig angeordnete Koralleninseln, die eine in der Mitte liegende (seichte) Wasserfläche (= Lagune) umgeben. Alle maledivischen Inseln sind sehr flach, maximal ragen sie ca. 5 m aus dem Wasser empor. Von daher gefährdet der durch den Klimawandel bewirkte Meeresspiegelanstieg das weitere Bestehen von u.a. den maledivischen Inseln.

Die Malediven liegen in der tropischen Klimazone, das Klima ist feuchtheiß. Palmen bilden die dominierende Vegetation auf den allermeisten Inseln. Bis zum Jahr 1965 waren die Malediven ein britisches Protektorat (= Schutzgebiet), dann erlangten die Malediven die politische Unabhängigkeit. Der Staatsform nach gelten die Malediven als eine präsidiale Republik. Die offizielle Amtssprache des Staates lautet Dhivehi (= „Maledivisch"). Die einheimische Bevölkerung bekennt sich zum Islam, der die Staatsreligion ist. Wirtschaftlich hat der Tourismus immer mehr an Bedeutung gewonnen, er ist inzwischen der größte Wirtschaftszweig im Staat geworden …

Das Relief in Asien

!

Asien

Lösungen

Aufgabe: Individuelle Lösungen

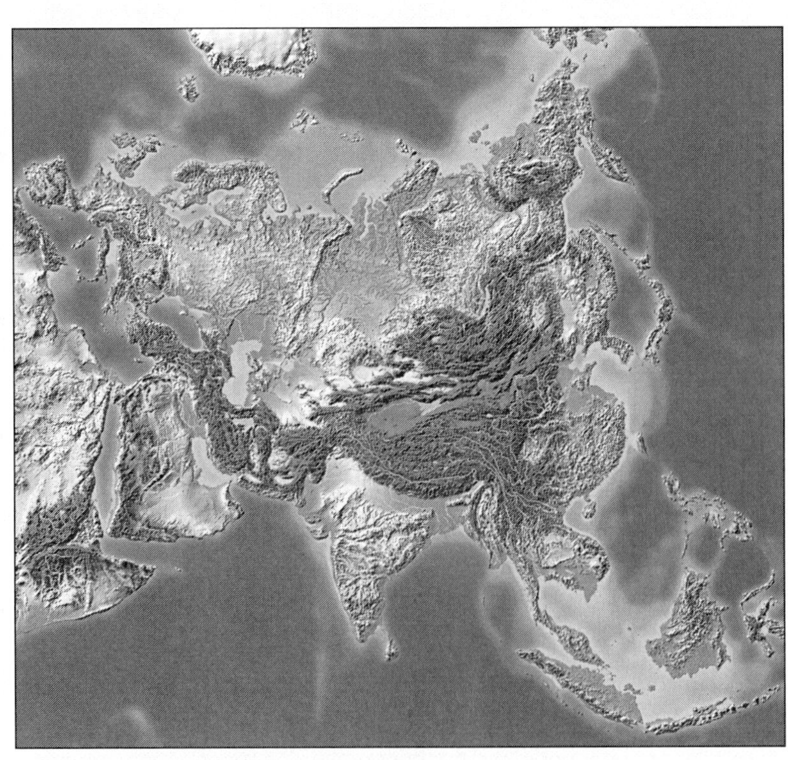

Klima(zonen) in Asien

!

Asien

Wer in der östlichen Hälfte Asiens vom Nordpolarmeer bis in den Süden des Erdteils reist, durchquert nacheinander die Klimazonen:

- polare Klimazone
- subpolare Klimazone
- gemäßigte Klimazone
- subtropische Klimazone
- tropische Klimazone

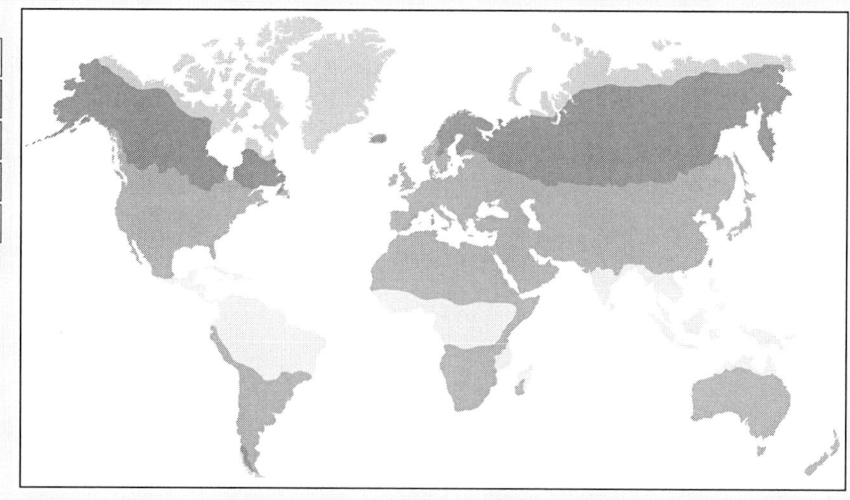

Während Sibirien ganz im Norden noch in der polaren Klimazone liegt, befinden sich Südasien und Südostasien in der tropischen Klimazone. Auf dem langen Weg von der polaren zur tropischen Klimazone ändern sich die Temperaturen von (sehr) kalt bis (enorm) heiß. Insgesamt gesehen herrscht in weiten Teilen Asiens das kontinentale Klima (= Landklima) vor. Im Unterschied zum maritimen Klima (= Seeklima) weist das kontinentale Klima im Laufe des Jahres größere Temperaturdifferenzen und weniger Niederschläge auf. Im Inneren Ostsibiriens wird es bis zu ca. –70 °Celsius kalt.

Sehr viele Niederschläge (Regen) gibt es allerdings in der tropischen Klimazone – und zwar im tropischen Regenwald. Besonders der Süden Asiens wird klimatisch geprägt durch jahreszeitlich ihre Richtung ändernde Monsunwinde. Der Nordostmonsun bewirkt im Winter Trockenheit. Im Sommer führt der Südwestmonsun, der feuchte Luftmassen vom Indischen Ozean bringt, zu (sehr) viel Regen. Im Nordosten Indiens fallen mit über 10 000 mm im Jahr die höchsten Niederschlagsmengen auf der Erde.

Aufgaben:

a) Welche Klimazonen durchquert man in der östlichen Hälfte Asiens auf dem Weg von Norden nach Süden?

____

____

b) Wodurch unterscheidet sich das kontinentale Klima vom maritimen Klima?

____

____

____

c) In welcher Klimazone fallen die meisten Niederschläge?

____

d) Welche Kennzeichen weisen die Monsunwinde auf?

____

____

____

Klima(zonen) in Asien

Lösungen

Aufgaben:

a) Man durchquert die polare, subpolare, gemäßigte, subtropische und tropische Klimazone.

b) Das kontinentale Klima ist gekennzeichnet im Laufe des Jahres durch größere Temperaturunterschiede sowie weniger Niederschläge als das maritime Klima.

c) Die meisten Niederschläge fallen in der tropischen Klimazone.

d) Die Monsunwinde ändern im Laufe des Jahres ihre Richtung. Der Nordostmonsun im Winter führt zu Trockenheit im Süden Asiens, der Südwestmonsun im Sommer zu (sehr) viel Regen.

zugefrorener Baikalsee mit Schiff

Tonle-Sap-See, Kambodscha, größter See Südostasiens

Vegetation(szonen) in Asien ✶

Asien

Aufgabe: *Verfasse mit Hilfe der Karte einen Text über die Vegetationszonen in Asien.*

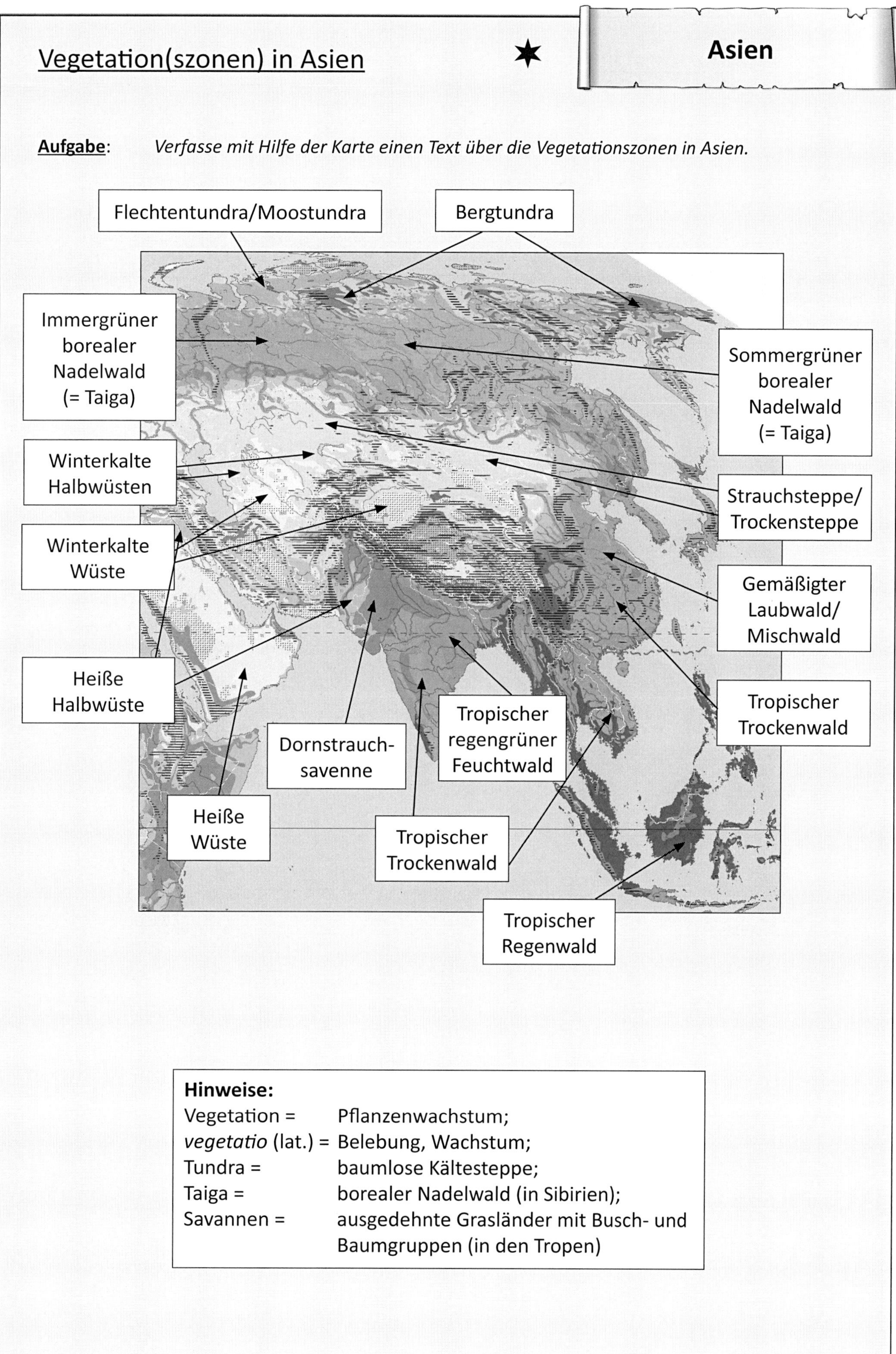

Hinweise:

Vegetation =	Pflanzenwachstum;
vegetatio (lat.) =	Belebung, Wachstum;
Tundra =	baumlose Kältesteppe;
Taiga =	borealer Nadelwald (in Sibirien);
Savannen =	ausgedehnte Grasländer mit Busch- und Baumgruppen (in den Tropen)

STATIONENLERNEN KONTINENTE Asien – Bestell-Nr. 12 772
KOHL VERLAG

Vegetation(szonen) in Asien 

Lösungen

Aufgabe:

Vegetationszonen sind große Gebiete auf der Erde, die jeweils durch eine bestimmte Vegetation gekennzeichnet sind. Abhängig ist die Vegetation vor allem von den klimatischen Bedingungen.

Bedingt durch die unterschiedlichen Klimazonen gibt es in Asien eine Vielfalt von Vegetationszonen. Ganz im Norden erstreckt sich die Tundra mit karger Vegetation, mit vor allem Flechten und Moosen, aber keinen Bäumen.

Tundra bei Dudinka am Jenissei in Sibirien

Nenzen (ein eingeborenes Volk) in der Tundra bei Dudinka am Jenissej in Sibirien

Südlich davon nimmt die Taiga, die aus Nadelwäldern besteht und auch „Borealer Nadelwald" genannt wird, eine sehr große Fläche Asiens ein.

Helle Taiga im fernen Osten bei Magadan

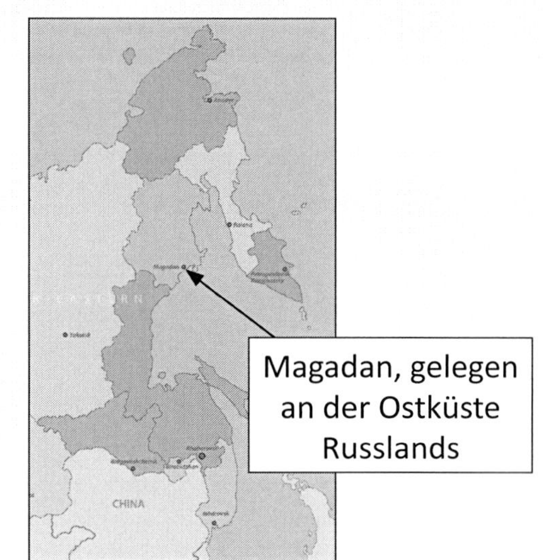

Im mittleren Bereich von Asien findet man vor allem gemäßigte Laub- und Mischwälder, Strauch- und Trockensteppen sowie winterkalte Halbwüsten und Wüsten vor.

Nach Süden hin sind anzutreffen subtropische Feuchtwälder, Dornstrauchsavannen sowie heiße Halbwüsten. In der tropischen Klimazone kommen im Süden der großen Arabischen Halbinsel heiße Wüsten vor. Sonst überwiegen im Süden des Kontinents Asien tropische Trockenwälder, tropische regengrüne Feuchtwälder und tropische Regenwälder.

Zur Tierwelt in Asien

!

Das Fremdwort für die Tierwelt eines Gebietes lautet Fauna. Diese Bezeichnung stammt daher: Fauna ist der Name der römischen Fruchtbarkeitsgöttin Fauna.

Grob differenziert lassen sich auf dem Erdteil Asien in der Natur herkömmlich 3 Tierregionen unterscheiden:

- die Eurasische Region;
- die Indische Region;
- die Afrikanische Region

Die eurasische Tierregion wird auch als paläarktische [1] Tierregion bezeichnet. Diese Tierregion reicht nach Süden in Asien ungefähr bis in den Bereich 30° nördliche Breite. Die in dieser Tierregion lebenden Tiere haben sich den kalten, kühlen und/bzw. den gemäßigten Temperaturen angepasst. Die Tierwelt der indischen Tierregion ist verwandt mit derjenigen der afrikanischen Tierregion, weist aber innerhalb Asiens eine größere Vielfalt als diese auf. Tiere der afrikanischen Tierregion kommen in Asien im Süden der Arabischen Halbinsel vor.

Aufgabe 1:

a) Fauna – was ist damit gemeint?

____

b) Welche 3 Tierregionen unterscheidet man herkömmlich in der Natur Asiens?

____

____

____

c) Wo in Asien erstrecken sich diese 3 Tierregionen?

____

____

____

____

Aufgabe 2: *Anschließend werden 12 verschiedene Tierarten in alphabetischer Reihenfolge genannt. Ordne richtig zu: In welcher der 3 Tierregionen Asiens kommen welche Tierarten in der Natur vor?*

Antilopen – Bären – Büffel – Dromedare – Elefanten – Hyänen – Nashörner – Orang-Utans – Paviane – Rentiere – Wölfe – Yaks

Eurasische Tierregion:

____

Indische Tierregion:

____

Afrikanische Tierregion:

____

[1] Arktis = Nordpolargebiet; *arctos* (grie.) = Bär; *palaios* (grie.) = alt

Zur Tierwelt in Asien

!

Lösungen

Aufgabe 1:

a) Mit dem Begriff Fauna ist die Tierwelt eines bestimmten Gebietes gemeint.

b) In der Natur Asiens werden diese Tierregionen unterschieden:
- Eurasische Region
- Indische Region
- Afrikanische Region

c) Die eurasische Tierregion (= räumlich größte asiatische Tierregion) erstreckt sich im gesamten nördlichen und zentralen Bereich von Asien, die indische Tierregion im südlichen sowie südöstlichen Bereich des Erdteils. In Asien liegt die afrikanische Tierregion im Süden der Arabischen Halbinsel.

Aufgabe 2:

Bär

Rentier

Yak

Hyänen

Eurasische Tierregion: Bären, Rentiere, Wölfe, Yaks

Indische Tierregion: Büffel, Elefanten, Nashörner, Orang-Utans

Afrikanische Tierregion: Antilopen, Dromedare, Hyänen, Paviane

Asien = 5 Kulturerdteile

!

Asien

Kultur ist das Gegenteil von Natur. Als Kultur [1] bezeichnet man die gesamten (schöpferischen) Leistungen der Menschen. Dazu gehören Bereiche wie Geschichte, Religion, Kunst, Wirtschaft ... Unter Kulturerdteilen werden sehr große Gebiete verstanden, die eine ähnliche Kultur – jeder für sich – aufweisen. Kulturerdteile sind u. a. oft geprägt durch eine oder mehrere Hochkulturen. Anstelle von Kulturerdteilen wurden oder werden (auch) die Ausdrücke Kulturkreise, Kulturräume oder Kulturwelten benutzt. In der Regel werden weltweit 10 Kulturerdteile unterschieden.

5 dieser Kulturerdteile liegen in Asien: Orient (teilweise), Südasien, Südostasien, Ostasien und Russland (teilweise)[2]. Der Orient erstreckt sich in Asien hauptsächlich von Vorderasien bis zum Mittleren Osten und ist stark geprägt durch den Islam. Räumlich entspricht der Kulturerdteil Südasien in etwa dem Subkontinent Indien mit dem Hinduismus als vorherrschende Religion. Der Kulturerdteil Südostasien umfasst die südostasiatische Halbinsel sowie die Inselwelt im Südosten von Asien. Zum Kulturerdteil Ostasien zählt man insbesondere China, Mongolei, Korea und Japan. Den Norden von Asien bildet der Kulturerdteil Russland. Zu bedenken gilt es: Die Differenzierung nach Kulturerdteilen ist grob. Die Kulturerdteile sind voneinander nicht eindeutig abgrenzbar, u. a. nicht räumlich.

Aufgabe: *Ergänze zu vollständigen Sätzen:*

1) Mit Kultur meint man

____

2) Kulturerdteile sind

____

3) Andere Bezeichnungen für Kulturerdteile heißen

____

4) Gewöhnlich werden weltweit unterschieden ______________________

5) In Asien bestehen die Kulturerdteile

____

6) Der Orient ist geprägt ______________________________

7) Der Kulturerdteil Südasien umfasst ______________________

8) Von der südostasiatischen Halbinsel bis

____

9) Hauptsächlich China, Mongolei,

____

10) Im Norden von Asien

____

[1] *cultura* (lat.) = Bebauung, Pflege, Verehrung

[2] Als weitere Kulturerdteile gelten: Angloamerika, Lateinamerika, Europa, Subsahara-Afrika (= frühere Bezeichnung: Schwarzafrika), Australien + Ozeanien

KOHL VERLAG Lernen mit Erfolg STATIONENLERNEN KONTINENTE Asien – Bestell-Nr. 12 772

Asien = 5 Kulturerdteile

!

Aufgabe:

1) Mit Kultur meint man die gesamten (schöpferischen) Leistungen der Menschen.
2) Kulturerdteile sind sehr große Gebiete, die jeweils eine bestimmte Kultur aufweisen.
3) Andere Bezeichnungen für Kulturerdteile heißen Kulturkreise, Kulturräume, Kulturwelten.
4) Gewöhnlich werden weltweit unterschieden 10 Kulturerdteile.
5) In Asien bestehen die Kulturerdteile Orient, Südasien, Südostasien, Ostasien, Russland.
6) Der Orient ist geprägt durch den Islam.
7) Der Kulturerdteil Südasien umfasst ungefähr den Subkontinent Indien.
8) Von der südostasiatischen Halbinsel bis zur Inselwelt Südostasiens reicht der Kulturerdteil Südostasien.
9) Hauptsächlich China, Mongolei, Korea und Japan bilden den Kulturerdteil Ostasien.
10) Im Norden von Asien ist Russland nicht nur ein Staat, sondern auch ein Kulturerdteil.

Wachturm bei Al-Kashab, Sultanat Oman

Nenets (eingeborenes Volk) mit Rentieren

Skyline von Dubai, Vereinigte Arabische Emirate

Roboter bereitet Sushi vor, Japan

Welcher Kulturerdteil ... ✶

Asien

Aufgabe: *Russland, Orient, Ostasien, Südasien oder Südostasien? Ordne jeden nachfolgend genannten 20 Namen bzw. Begriffe dem dazu passenden Kulturerdteil (je Erdteil 4) zu!*

Buddhismus – Erdölreichtum – Gandhi – Hinduismus – Indien – Iran – Kastenwesen – Konfuzianismus – Malaien – Maoismus – Marxismus-Lenismus – Morgenland – Mesopotamien – Reich der Mitte – Reiskammer der Erde – Schintoismus – Sibirien – Singapur – Sowjetunion – Wladiwostok

Russland: ______________________________

Orient: ______________________________

Ostasien: ______________________________

Südasien: ______________________________

Südostasien: ______________________________

Armut und Reichtum in Asien !

Asien

Unter allen Kontinenten weist Asien nach Afrika die zweitmeisten Entwicklungsländer auf. Zu den Entwicklungsländern in Asien gehören u. a. Jemen, Afghanistan, Nepal, Bangladesch, Kambodscha und noch so einige andere Staaten. In den Entwicklungsländern sind sehr viele Menschen von großer Armut betroffen. Sie leben häufig in erbärmlichen Unterkünften (z. B. in Slums von Städten) oder sind obdachlos. Auch leiden überaus zahlreiche Menschen unter geringem Einkommen oder Arbeitslosigkeit, Hunger, oftmals auch an Krankheiten.

Demgegenüber gibt es in den Entwicklungsstaaten zudem „Eliten", die sich Reichtum verschafft haben, so manche durch Beziehungen, Korruption, Kriminalität ... In einigen Staaten Asiens ist zum Teil eine neue Mittelschicht in der Gesellschaftsordnung entstanden, in die sich Arbeitskräfte hochgearbeitet haben. Die Kluft zwischen Reichen und Armen ist in den allermeisten asiatischen Staaten aber weiterhin riesig. Dies gilt in der Regel ebenfalls für die Mehrheit der Staaten, die ein höheres oder (relativ) hohes Bruttoinlandsprodukt aufweisen. Oftmals wurden und werden Reiche noch reicher, die Lage anderer Bevölkerungsschichten verbesserte sich dagegen nicht oder nur wenig.

Aufgaben: *Beantworte die Fragen!*

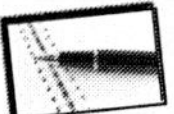

a) Beschreibe in eigenen Sätzen: Wie zeigen sich Armut und Reichtum in Asien?

b) Wie beurteilst du Armut und Reichtum in Asien? Begründe deine Meinung.

Welcher Kulturerdteil ... ?

Asien

Lösungen

Marx und Lenin

Aufgabe:

Russland:
Marxismus-Lenismus, Sibirien, Sowjetunion, Wladiwostok

Orient:
Erdölreichtum, Iran, Morgenland, Mesopotamien

Konfuzius-Tempel

Ostasien:
Konfuzianismus,
Maoismus, Reich der Mitte, Schintoismus

Südasien:
Gandhi, Hinduismus, Indien, Kastenwesen

Südostasien:
Buddhismus, Malaien, Reiskammer der Erde,
Singapur

Armut und Reichtum in Asien

!

Asien

Lösungen

Aufgaben: a) und b) Individuelle Lösungen

Palm Island, Dubai, V.A.E.

Dharavi-Slum, größter Slum der Welt, Mumbai, Indien

Zur Geschichte Asiens

Asien erlebte eine überaus wechselvolle Geschichte. Schon im Altertum bildeten sich in Asien verschiedene Hochkulturen. Sie entstanden an langen und breiten Flüssen und in deren Nähe:

- in Mesopotamien (≈ Zweistromland) am Euphrat und Tigris;
- in Indien am Indus;
- in China am Huangho und Jangtsekiang ...

In späterer Zeit entwickelte sich China zum „Reich der Mitte". Die Bezeichnung China soll abgeleitet sein vom Namen für das Reich Qin (= Ch'in). Der König Zheng von Qin, der im 3. Jahrhundert v. Chr. lebte, gilt als erster Herrscher des geeinigten China. Im Zeitraum 13.-14. Jahrhundert n. Chr. stand China vorübergehend unter der Herrschaft der Mongolen. In Vorderasien entstand und darüber hinaus entwickelte sich im Spätmittelalter das Osmanische Reich, benannt nach Osman I. (um 1258-1326). Das Osmanische Reich bestand bis kurz nach dem 1. Weltkrieg.

Beginnend in der Frühen Neuzeit (ab etwa Ende des 15. Jahrhunderts) gelangte Asien zunehmend in das Blickfeld europäischer Staaten (Portugal, Niederlande, Großbritannien, Frankreich ...). Diese „Seefahrerstaaten" eroberten so manche Gebiete Asiens und machten sie zu Kolonien oder Handelsniederlassungen. Russland nahm Sibirien in Besitz und fügte es in sein Reich ein. Japan selbst wurde ab etwa Ende des 19. Jahrhunderts zu einem imperialen Staat und erkämpfte sich weitere Gebiete im Osten Asiens (u. a. Korea, Mandschurei). Erst nach dem Ende des 2. Weltkrieges oder noch später wurden aus so manchen Kolonien in Asien selbstständige Staaten.

Aufgabe 1: *Was kannst du in eigenen Sätzen zur Geschichte Asiens sagen?*

Aufgabe 2: *Löse unten stehendes Kreuzworträtsel.*

1) ... kolonialisierte das heutige Brasilien.
2) Motiv für die Seefahrer
3) ... war japanische Kolonie.
4) abgeleitet vom Namen des Reichs Qin
5) Fluss im Zweistromland
6) ... eroberte neue Gebiete ohne Seefahrer.
7) An dem Fluss entstand eine Hochkultur.
8) Ein solcher Staat erobert neue Gebiete.
9) ... herrschten über China im Spätmittelalter.
10) ... wird auch Zweistromland genannt.
11) Landbesitz eines Staates in Übersee
12) Nach ihm wurde ein Reich benannt.
13) Sie fuhren von Europa nach Asien.
14) ... hatte u. a. Kolonien in Asien.
15) breiter Fluss
16) Am Ende davon entstand das Osmanische Reich

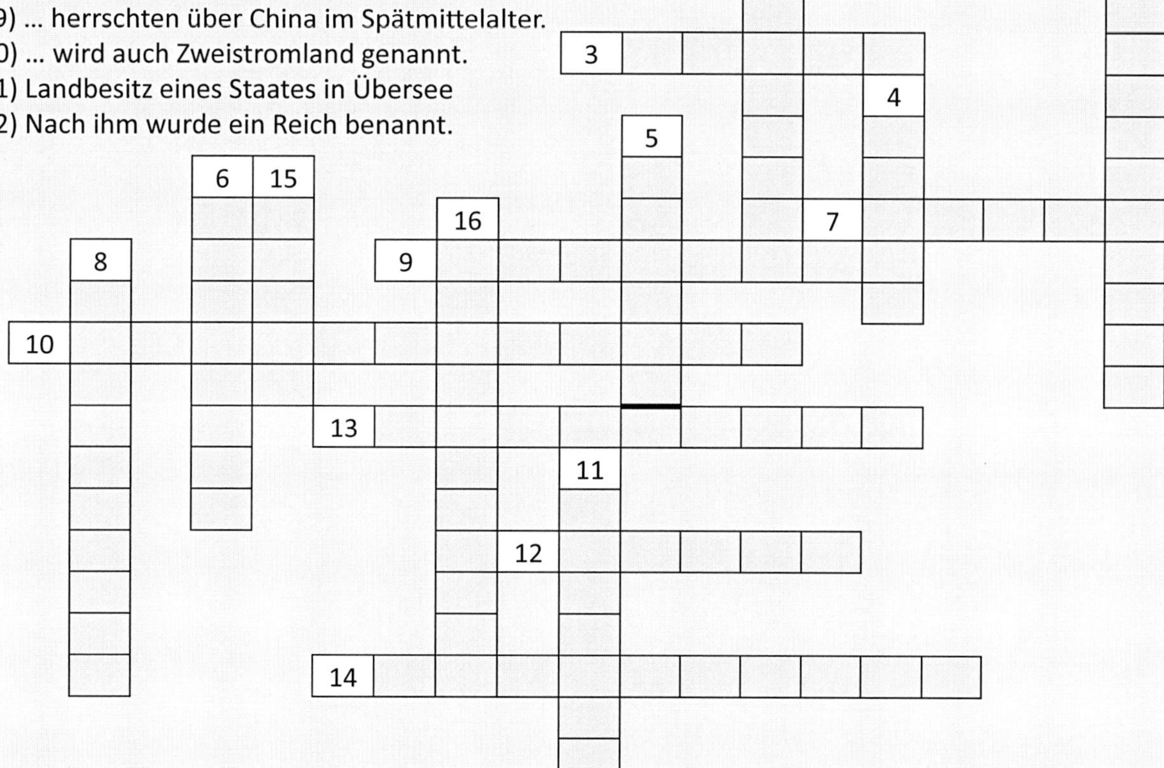

Zur Geschichte Asiens

Aufgabe 1: Individuelle Lösungen

Aufgabe 2:

1) ... kolonialisierte das heutige Brasilien.
2) Motiv für die Seefahrer
3) ... war japanische Kolonie.
4) abgeleitet vom Namen des Reichs Qin
5) Fluss im Zweistromland
6) ... eroberte neue Gebiete ohne Seefahrer.
7) An dem Fluss entstand eine Hochkultur.
8) Ein solcher Staat erobert neue Gebiete.
9) ... herrschten über China im Spätmittelalter.
10) ... wird auch Zweistromland genannt.
11) Landbesitz eines Staates in Übersee
12) Nach ihm wurde ein Reich benannt.
13) Sie fuhren von Europa nach Asien.
14) ... hatte u. a. Kolonien in Asien.
15) breiter Fluss
16) Am Ende davon entstand das Osmanische Reich.

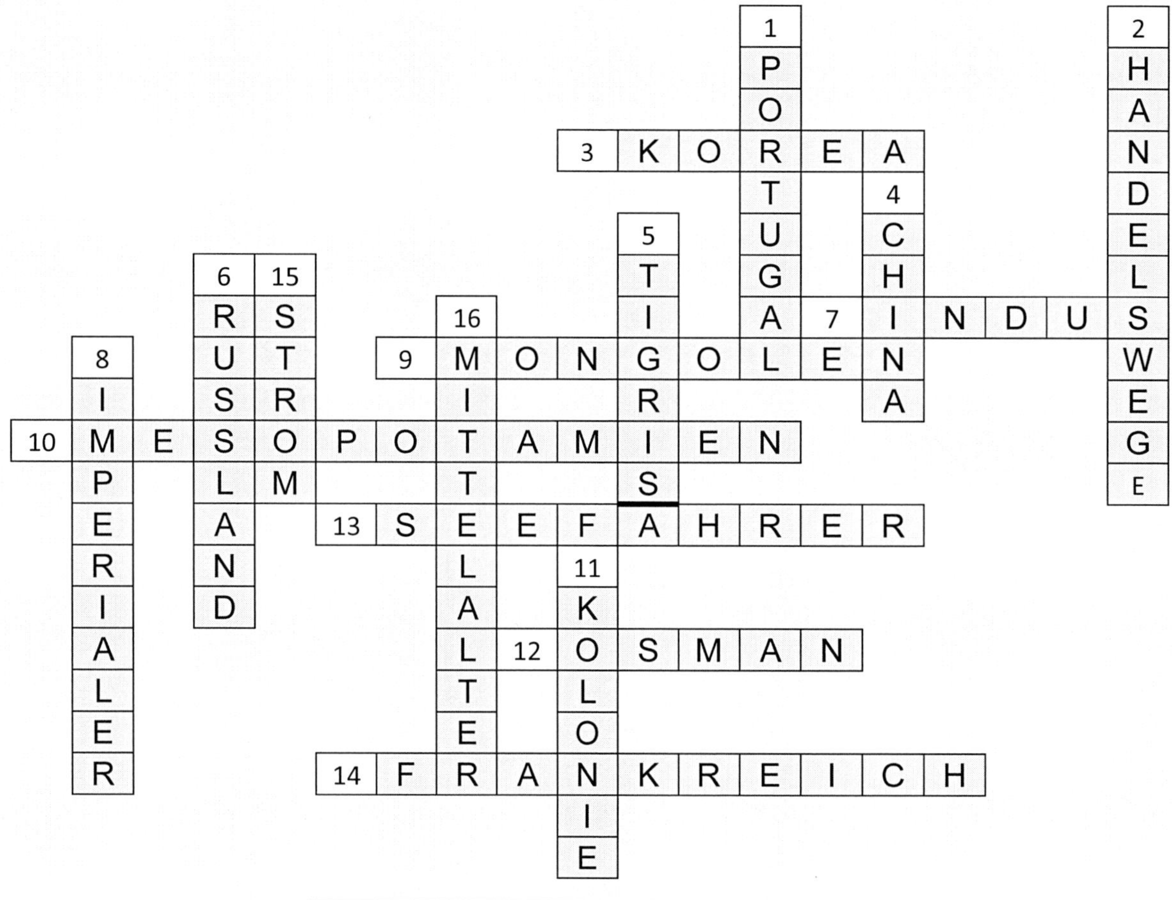

Schiff in Caen, Frankreich

Religion(en) in Asien

In Asien haben alle Weltreligionen ihren Ursprung und sind auch dort mehr oder weniger verbreitet. Mit Weltreligionen sind das Christentum, der Islam, der Hinduismus, der Buddhismus, das Judentum sowie im weiteren Sinne auch der Konfuzianismus, der Taoismus und der Schintoismus gemeint. Die meisten Gläubigen in Asien bekennen sich zum Islam. Der Islam hat seine meisten Anhänger auf diesem Erdteil in Vorderasien, Zentralasien und Indonesien. Die weitaus meisten Hindus leben in Indien. Der Buddhismus, der im Norden Indiens entstand, hat seine stärkste Verbreitung in Südostasien. In Ostasien (= auch Ferner Osten genannt) sind der Konfuzianismus, der Taoismus und der Schintoismus unter den Gläubigen stark verbreitet (Konfuzianismus und Taoismus in China, Schintoismus in Japan), zum Teil auch der Buddhismus. Die Mehrheit der Gläubigen bilden in Russland die orthodoxen Anhänger des Christentums. Dagegen dominiert bei den religiösen Menschen in Südkorea der protestantische Glaube der Christen, im Inselstaat Philippinen der katholische Glaube. In Israel praktizieren die allermeisten religiös eingestellten Einwohner den jüdischen Glauben.

Aufgaben: *Wo sind welche Weltreligionen in Asien stark verbreitet? Trage anschließend die Gebiete ein und in der Karte die Religionen passend zu den Gebieten.*

1) Der Islam: ______________________________

2) Der Hinduismus: ______________________________

3) Der Buddhismus: ______________________________

4) Der Konfuzianismus: ______________________________

5) Der Taoismus: ______________________________

6) Der Schintoismus: ______________________________

7) Das Christentum: ______________________________

8) Das Judentum: ______________________________

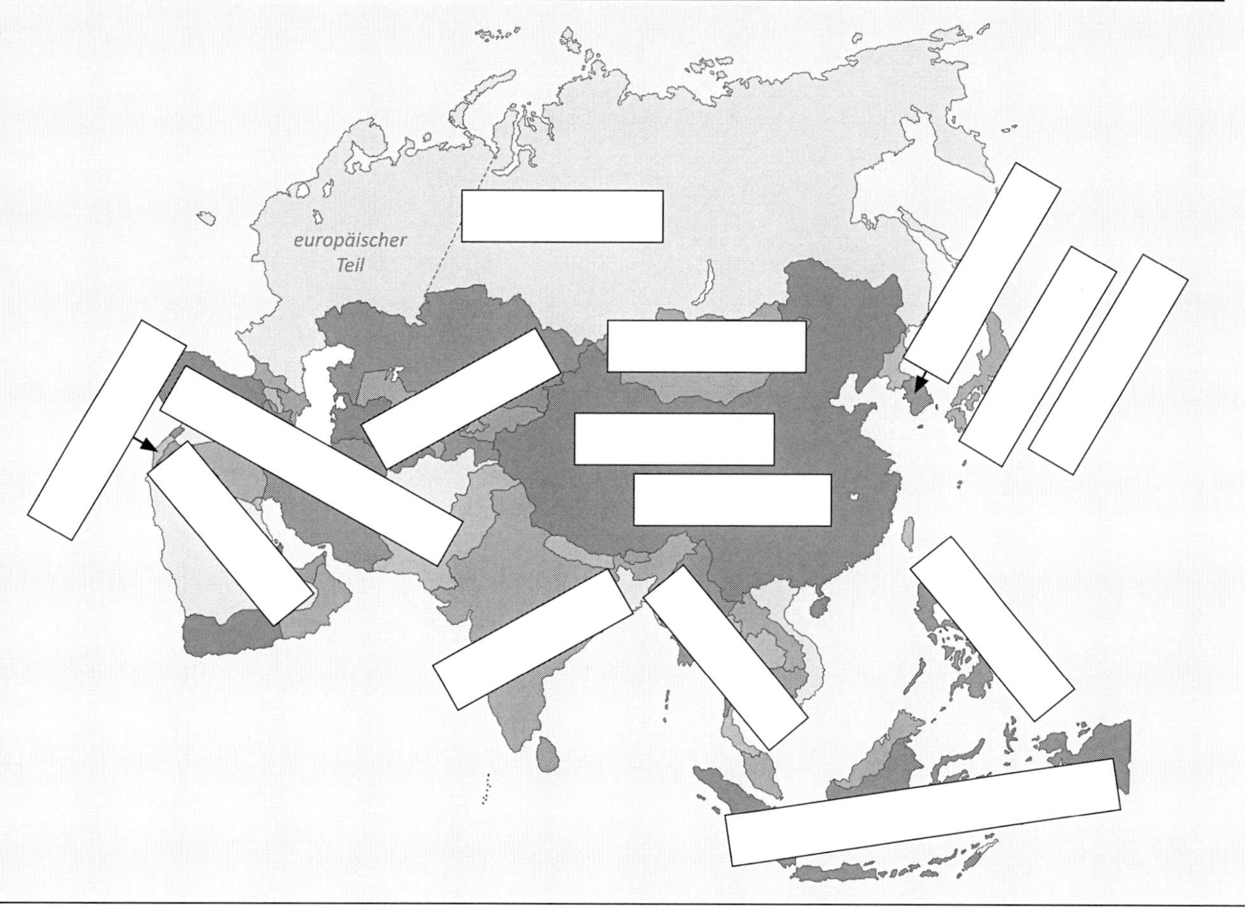

STATIONENLERNEN KONTINENTE Asien – Bestell-Nr. 12 772
KOHL VERLAG Lernen mit Erfolg

Religion(en) in Asien

Lösungen

Aufgaben:

1) Der Islam: in Vorderasien, Zentralasien, Indonesien
2) Der Hinduismus: in Indien
3) Der Buddhismus: in Südostasien, teilweise auch in Ostasien
4) Der Konfuzianismus: in China (Ostasien)
5) Der Taoismus: in China (Ostasien)
6) Der Schintoismus: in Japan (Ostasien)
7) Das Christentum: in Russland, Südkorea, Philippinen
8) Das Judentum: in Israel

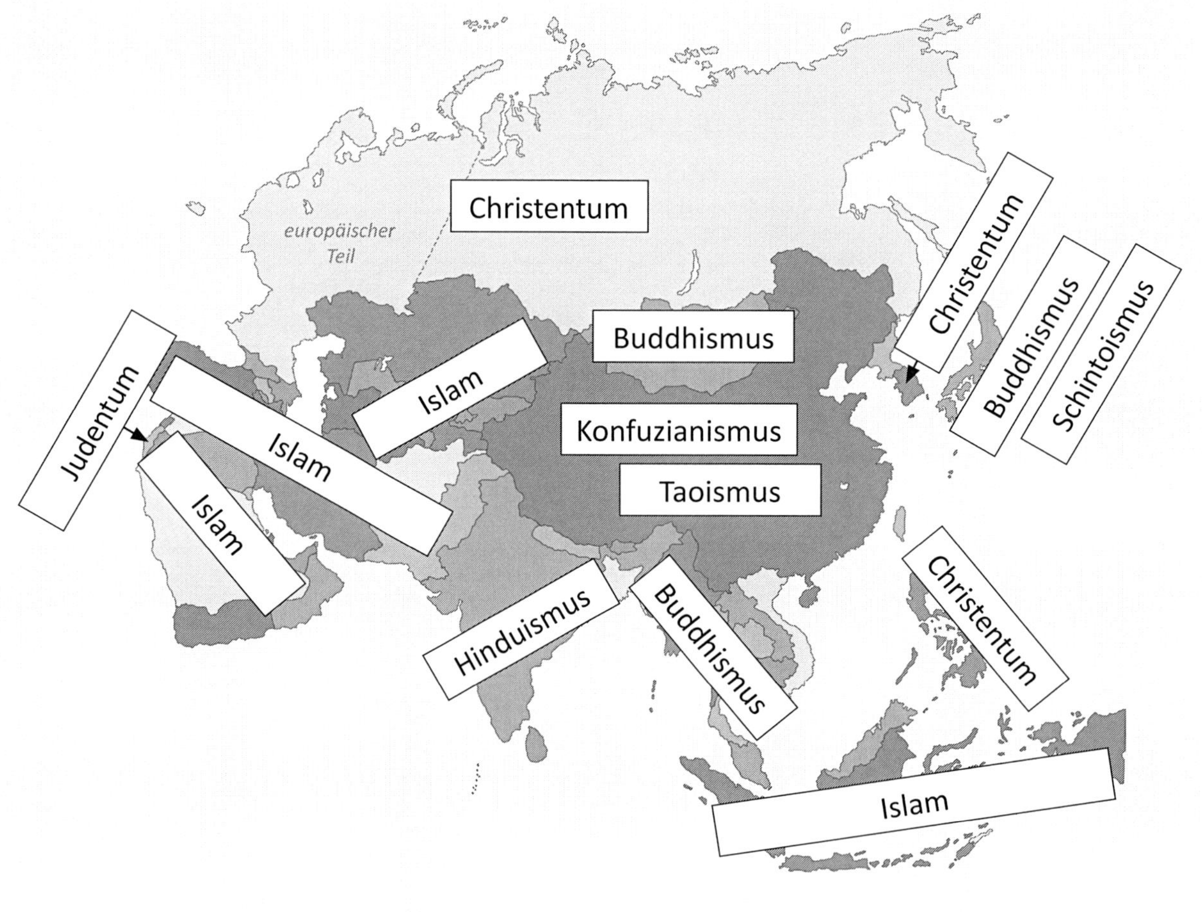

Staaten in Asien

!

Aufgabe: Wie heißen die (unabhängigen) Staaten in Asien? Nenne sie in alphabetischer Reihenfolge. Vorgegeben werden anschließend die ersten beiden Buchstaben jedes Staates.

1) Af		17) Jo		33) Pa	
2) Ar		18) Ka		34) Ph	
3) As		19) Ka		35) Ru	
4) Ba		20) Ka		36) Sa	
5) Ba		21) Ki		37) Si	
6) Bh		22) Ku		38) Sr	
7) Br		23) La		39) Sü	
8) Ch		24) Li		40) Sy	
9) Ge		25) Ma		41) Ta	
10) In		26) Ma		42) Ta	
11) In		27) Mo		43) Th	
12) Ir		28) My		44) Tü	
13) Ir		29) Ne		45) Tu	
14) Is		30) No		46) Us	
15) Ja		31) Om		47) Ve	
16) Je		32) Os		48) Vi	

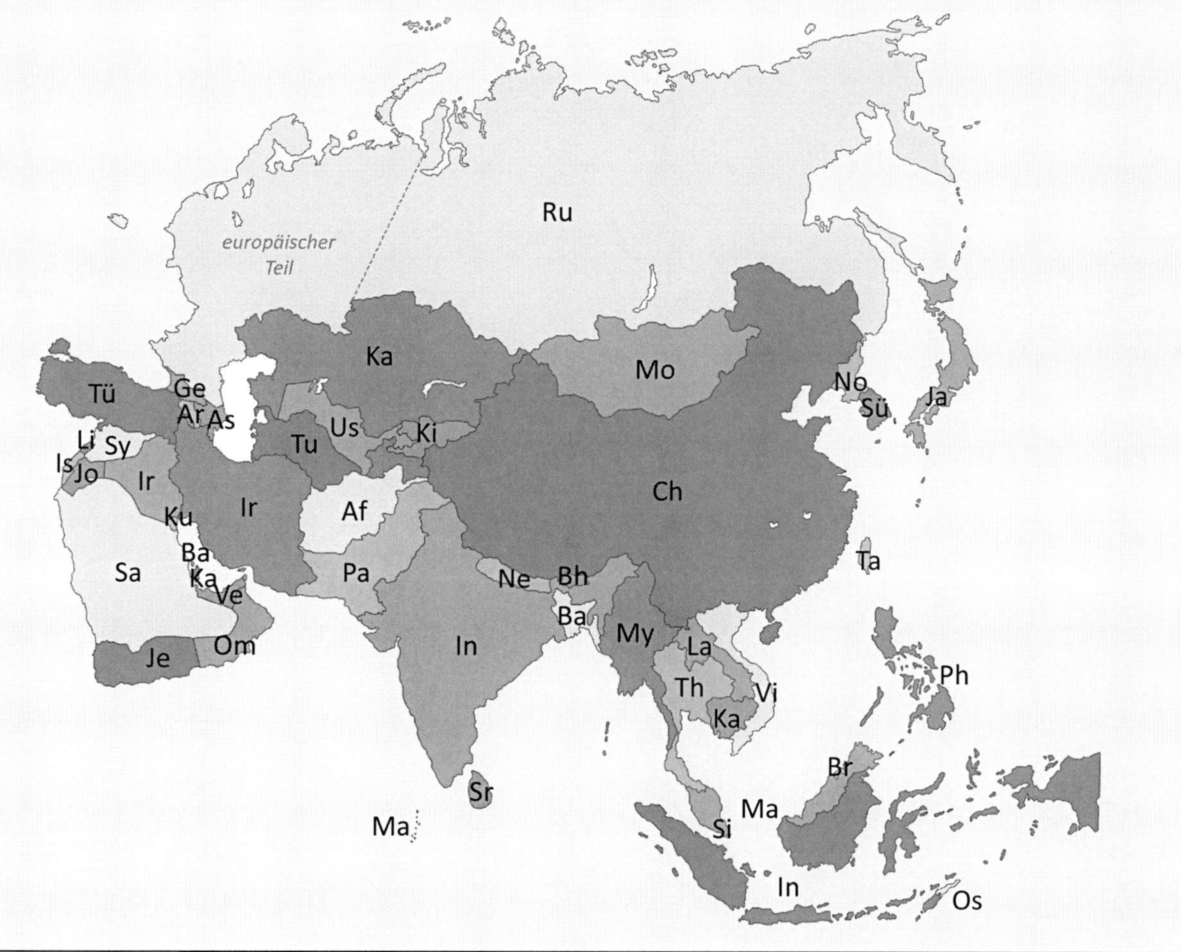

STATIONENLERNEN KONTINENTE Asien – Bestell-Nr. 12 772
KOHL VERLAG

Staaten in Asien

!

Asien

Lösungen

Aufgabe:

1) Af	Afghanistan	17) Jo	Jordanien	33) Pa	Pakistan
2) Ar	Armenien	18) Ka	Kambodscha	34) Ph	Philippinen
3) As	Aserbaidschan	19) Ka	Kasachstan	35) Ru	Russland
4) Ba	Bahrain	20) Ka	Katar	36) Sa	Saudi-Arabien
5) Ba	Bangladesch	21) Ki	Kirgisistan	37) Si	Singapur
6) Bh	Bhutan	22) Ku	Kuwait	38) Sr	Sri Lanka
7) Br	Brunei	23) La	Laos	39) Sü	Südkorea
8) Ch	China	24) Li	Libanon	40) Sy	Syrien
9) Ge	Georgien	25) Ma	Malaysia	41) Ta	Tadschikistan
10) In	Indien	26) Ma	Malediven	42) Ta	Taiwan
11) In	Indonesien	27) Mo	Mongolei	43) Th	Thailand
12) Ir	Irak	28) My	Myanmar	44) Tü	Türkei
13) Ir	Iran	29) Ne	Nepal	45) Tu	Turkmenistan
14) Is	Israel	30) No	Nordkorea	46) Us	Usbekistan
15) Ja	Japan	31) Om	Oman	47) Ve	Vereinigte Arabische Emirate
16) Je	Jemen	32) Os	Osttimor	48) Vi	Vietnam

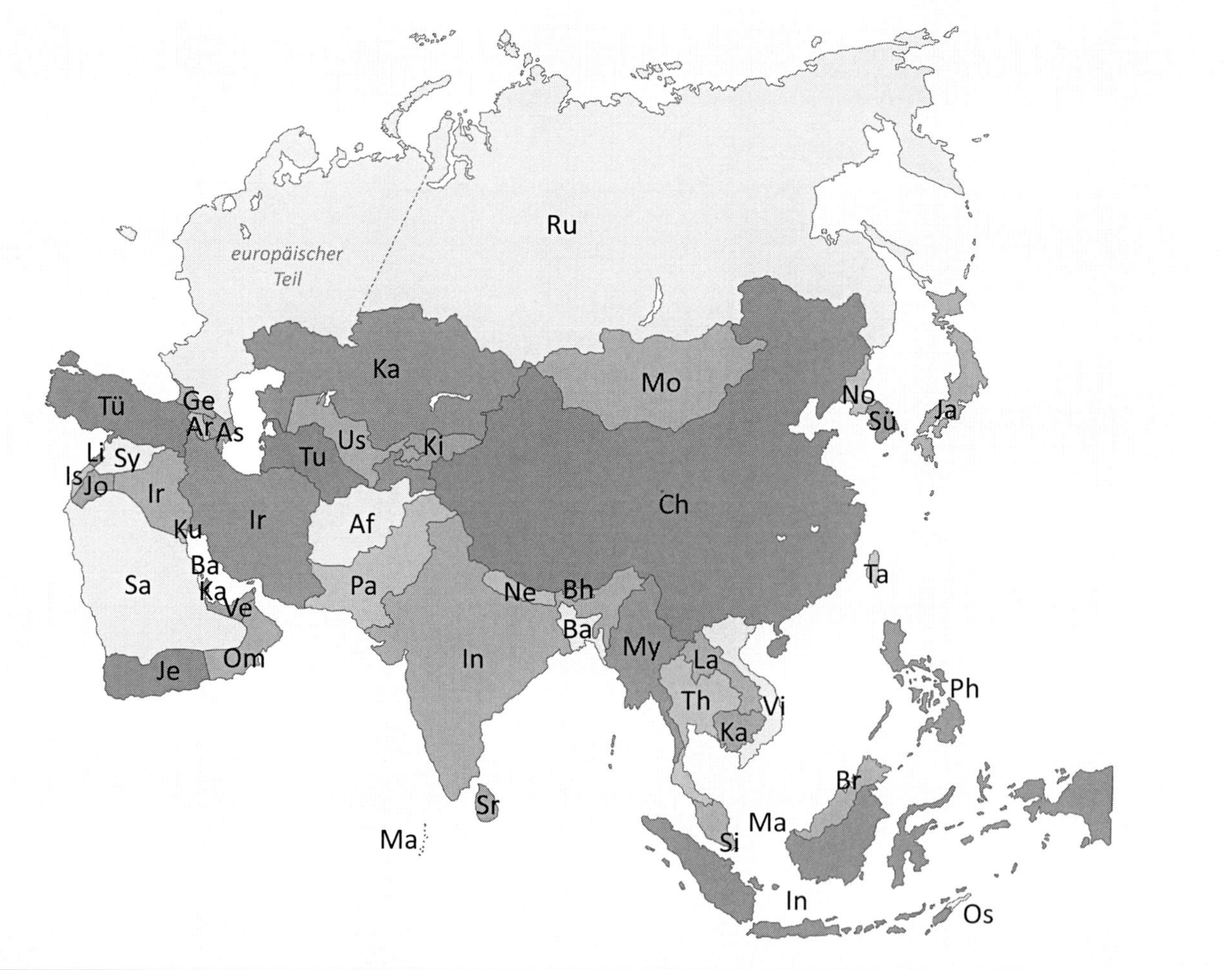

Städte und Staaten

!

Aufgabe: *In welchen Staaten liegen diese Städte?* (Hilfsmittel: Atlas)

Odiro Park, Sapporo

Kaaba, Mekka

1) Nowosibirsk		14) Teheran	
2) Seoul		15) Dubai	
3) Sapporo		16) Mekka	
4) Shanghai		17) Tel Aviv	
5) Taipeh		18) Beirut	

Jakarta

Blaue Moschee, Istanbul

5) Taipeh		18) Beirut	
6) Manila		19) Damaskus	
7) Jakarta		20) Istanbul	
8) Ho Chi Minh (= Stadt)		21) Tiflis	
9) Kuala Lumpur		22) Eriwan	

Großer Palast, Bangkok

Baku

10) Bangkok		23) Baku	
11) Dhaka		24) Taschkent	
12) Mumbai (= Bombay)		25) Almaty (= Alma-Ata)	
13) Karachi			

STATIONENLERNEN KONTINENTE Asien – Bestell-Nr. 12 772
KOHL VERLAG Lernen mit Erfolg

Städte und Staaten

!

Lösungen

Aufgabe:

Nowosibirsk

Teheran

1) Nowosibirsk	Russland	14) Teheran	Iran
2) Seoul	Südkorea	15) Dubai	Vereinigte Arabische Emirate
3) Sapporo	Japan	16) Mekka	Saudi-Arabien
4) Shanghai	China	17) Tel Aviv	Israel

Taipeh

Beirut

5) Taipeh	Taiwan	18) Beirut	Libanon
6) Manila	Philippinen	19) Damaskus	Syrien
7) Jakarta	Indonesien	20) Istanbul	Türkei
8) Ho Chi Minh (= Stadt)	Vietnam	21) Tiflis	Georgien
9) Kuala Lumpur	Malaysia	22) Eriwan	Armenien

Bangladesch

Taschkent

10) Bangkok	Thailand	23) Baku	Aserbaidschan
11) Dhaka	Bangladesch	24) Taschkent	Usbekistan
12) Mumbai (= Bombay)	Indien	25) Almaty (= Alma-Ata)	Kasachstan
13) Karachi	Pakistan		

Asien-Rallye von A... bis Z...

Aufgabe: *Finde mit Hilfe eines Atlasses die Namen heraus, die mit den anschließend genannten Buchstaben anfangen:*

Staat mit der Hauptstadt Kabul:	A	
bis zu 1 620 m tiefer Binnensee in Sibirien:	B	
Hauptstadt von Sri Lanka:	C	
Hochland in Indien:	D	
Fluss durch Irak:	E	
Insel vor der Ostküste Chinas (früherer Name):	F	
Wüste in China und in der Mongolei:	G	
Meeresstraße zum Persischen Golf:	H	
Millionenstadt, die in Asien und Europa liegt:	I	
langer Fluss in China:	J	
Halbinsel im Osten Sibiriens:	K	
Staat in Vorderasien:	L	
Inselstaat im Indischen Ozean:	M	
Staat im Inneren Südasiens:	N	
Fluss in Sibirien:	O	
Hauptstadt von Kambodscha:	P	
Hauptstadt von Saudi-Arabien:	R	
Staat in Ostasien:	S	
Wüste im Nordwesten von Indien:	T	
Gebirge und Fluss, die Asien von Europa trennen:	U	
Staat in Südostasien:	V	
Russische Stadt am Japanischen Meer:	W	
Gebirge im Iran:	Z	

Taumadhi Square, Nepal

Asien-Rallye von A... bis Z...

Aufgabe:

Staat mit der Hauptstadt Kabul:	A	Afghanistan
bis zu 1620 m tiefer Binnensee in Sibirien:	B	Baikalsee
Hauptstadt von Sri Lanka:	C	Colombo
Hochland in Indien:	D	Hochland von Dekkan
Fluss durch Irak:	E	Euphrat
Insel vor der Ostküste Chinas (früherer Name):	F	Formosa (=Taiwan)
Wüste in China und in der Mongolei:	G	Gobi
Meeresstraße zum Persischen Golf:	H	Straße von Hormus
Millionenstadt, die in Asien und Europa liegt:	I	Istanbul
langer Fluss in China:	J	Jangtsekiang
Halbinsel im Osten Sibiriens:	K	Kamtschatka
Staat in Vorderasien:	L	Libanon
Inselstaat im Indischen Ozean:	M	Malediven
Staat im Inneren Südasiens:	N	Nepal
Fluss in Sibirien:	O	Ob
Hauptstadt von Kambodscha:	P	Phnom Penh
Hauptstadt von Saudi-Arabien:	R	Riad
Staat in Ostasien:	S	Südkorea
Wüste im Nordwesten von Indien:	T	Thar
Gebirge und Fluss, die Asien von Europa trennen:	U	Ural
Staat in Südostasien:	V	Vietnam
Russische Stadt am Japanischen Meer:	W	Wladiwostok
Gebirge im Iran:	Z	Zagrosgebirge

Wüste Thar, Frauen holen Tierfutter

Was ist was?

!

Aufgabe: *Ordne die folgenden 20 Namen den anschließenden Erklärungen richtig zu:*

Bhutan – Bosporus – Fudschijama – Hinduismus – Hongkong – Kamtschatka – Kap Deschnew – Kaspisches Meer – Kaukasus – Macao – Malediven – Mekong – Mesopotamien – Nordkorea – Osttimor – Sibirien – Singapur – Sumatra – Taiga – Thar

1		Gebirge
2		Fluss
3		Insel
4		Halbinsel
5		heiliger Berg, Vulkan
6		Binnensee
7		Meerenge
8		Wüste
9		Waldzone
10		asiatischer Teil von Russland
11		Landspitze Asiens im Nordosten
12		Staat (Hauptstadt: Pjöngjang)
13		ehemalige portugiesische Niederlassung/Provinz
14		ehemalige britische Kronkolonie
15		jüngster Staat in Asien
16		kleiner Gebirgsstaat
17		Stadtstaat
18		Inselstaat im Indischen Ozean
19		Landschaft im Orient
20		Weltreligion

Berg Fudschijama und Fluss Kawaguchiko

KOHL VERLAG

Was ist was?

!

Lösungen

Aufgabe:

1	Kaukasus	Gebirge
2	Mekong	Fluss
3	Sumatra	Insel
4	Kamtschatka	Halbinsel
5	Fudschijama	heiliger Berg, Vulkan
6	Kaspisches Meer	Binnensee
7	Bosporus	Meerenge
8	Thar	Wüste
9	Taiga	Waldzone
10	Sibirien	asiatischer Teil von Russland
11	Kap Deschnew	Landspitze Asiens im Nordosten
12	Nordkorea	Staat (Hauptstadt: Pjöngjang)
13	Macao	ehemalige portugiesische Niederlassung/Provinz
14	Hongkong	ehemalige britische Kronkolonie
15	Osttimor	jüngster Staat in Asien
16	Bhutan	kleiner Gebirgsstaat
17	Singapur	Stadtstaat
18	Malediven	Inselstaat im Indischen Ozean
19	Mesopotamien	Landschaft im Orient
20	Hinduismus	Weltreligion

Singapur

Bevölkerung Asiens 

Aufgabe 1: **a)** *Verbinde jeweils per Linie und gib durch Nennen derselben Nr. an, welcher Satzanfang und welches Satzende zusammengehören! Die Buchstaben daneben ergeben dann geordnet ein Lösungswort.*

Nr.	Satzanfang
1	In Asien leben sehr viele
2	Die 3 bevölkerungsreichsten Staaten auf diesem Erdteil
3	Auch in Asien ist die Bevölkerung
4	So manche Gebiete Asiens sind dünn besiedelt oder
5	Mit ca. 2 Einwohnern je km² bildet die Mongolei
6	Dennoch weist Asien unter allen Erdteilen
7	Etliche Gebiete Asiens sind ganz dicht
8	Asien besitzt die meisten
9	Durchschnittlich betrachtet leben in Asien (derzeit)
10	Mit einem Wert von über 8 000 Einwohnern/km² ist der

Nr.		Satzende
6	U	die meisten Menschen auf.
4	L	sogar (fast) gar nicht bewohnt.
10	R	kleine Stadtstaat Singapur der durchschnittlich am dichtesten besiedelte asiatische Staat.
2	I	heißen China, Indien und Indonesien.
9	U	etwa 150 Einwohner pro km².
3	E	räumlich ungleich verteilt.
8	T	Millionenstädte aller Kontinente.
5	K	den Staat mit der durchschnittlich geringsten Bevölkerungsdichte in Asien.
1	V	Völker (Chinesen, Inder, Russen ...).
7	L	besiedelt, ja überbesiedelt.

Lösungswort: __ __ __ __ __ __ __ __ __ __

b) *Schreibe nun die 10 Sätze in der genannten Reihenfolge jeweils vollständig auf!*

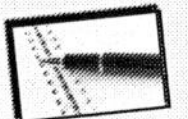

Aufgabe 2: *Wie beurteilst du die sehr hohe Bevölkerungszahl in Asien? Ergeben sich dadurch deiner Meinung nach Probleme? Wenn ja, welche Probleme?*

____

____

____

____

____

STATIONENLERNEN KONTINENTE Asien – Bestell-Nr. 12 772

Bevölkerung Asiens

Lösungen

Aufgabe 1: **a)** Lösungswort: VIEL KULTUR

b)

1	In Asien leben sehr viele Völker (Chinesen, Inder, Russen ...).
2	Die 3 bevölkerungsreichsten Staaten auf diesem Erdteil heißen China, Indien und Indonesien.
3	Auch in Asien ist die Bevölkerung räumlich ungleich verteilt.
4	So manche Gebiete Asiens sind dünn besiedelt oder sogar (fast) gar nicht bewohnt.
5	Mit ca. 2 Einwohnern je km^2 bildet die Mongolei den Staat mit der durchschnittlich geringsten Bevölkerungsdichte in Asien.
6	Dennoch weist Asien unter allen Erdteilen die meisten Menschen auf.
7	Etliche Gebiete Asiens sind ganz dicht besiedelt, ja überbesiedelt.
8	Asien besitzt die meisten Millionenstädte aller Kontinente.
9	Durchschnittlich betrachtet leben in Asien (derzeit) etwa 150 Einwohner pro km^2.
10	Mit einem Wert von über 8 000 Einwohnern/km^2 ist der kleine Stadtstaat Singapur der durchschnittlich am dichtesten besiedelte asiatische Staat.

Aufgabe 2: Individuelle Lösungen

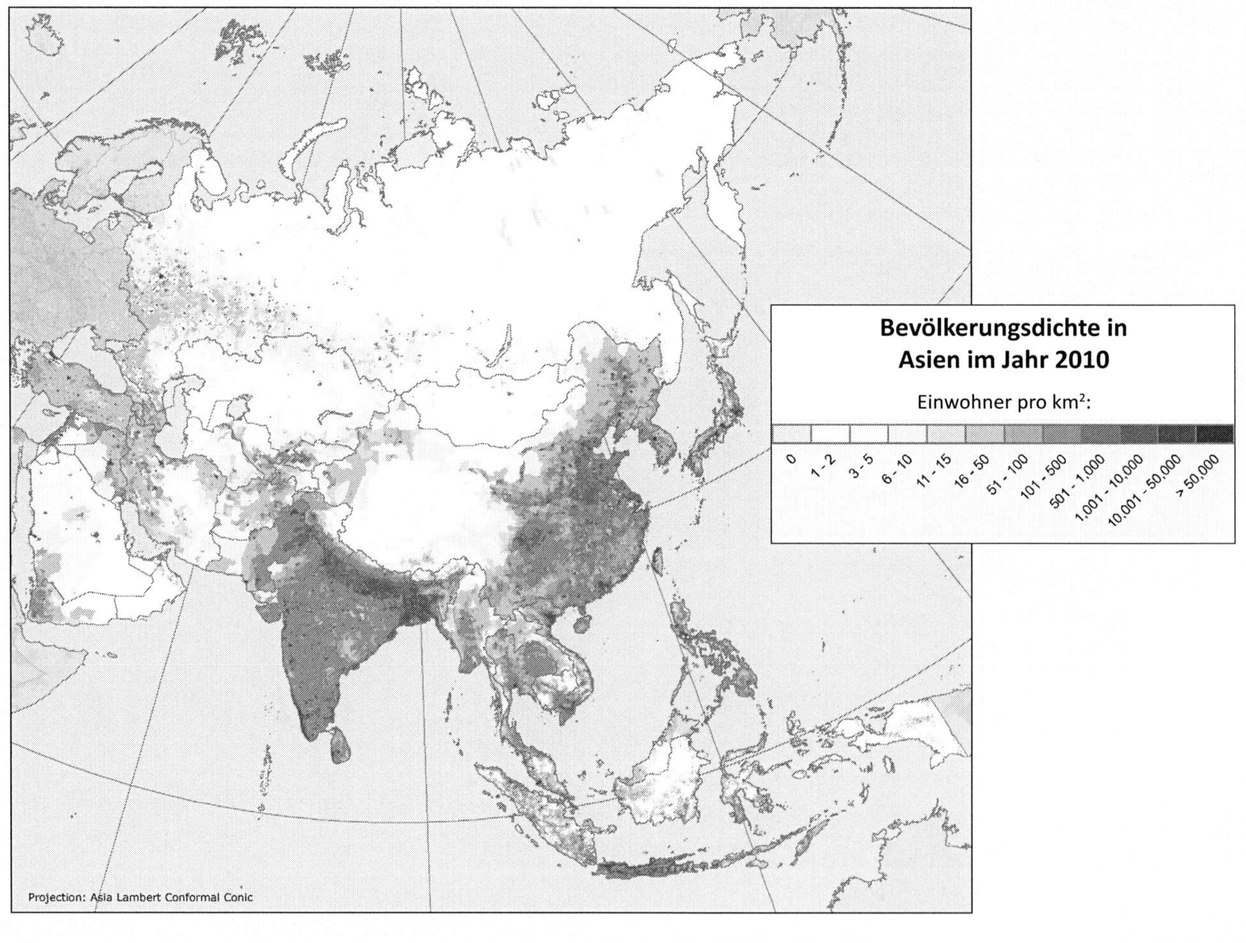

Asien – diesmal mit Zahlen zum Rechnen ✶

Aufgaben:

1) *Etwa 149 Mio. km² der gesamten Erdoberfläche sind Landflächen. Asien weist eine Flächengröße von ca. 44 Mio. km² auf. Wie viel Prozent beträgt demnach der Anteil der Fläche Asiens an den Landflächen der Erde?*

2) *Die gesamte Oberfläche der Erde umfasst rund 510 Mio. km². Berechne den prozentualen Anteil Asiens an der gesamten Erdoberfläche.*

3) *Auf der Erde lebten um das Jahr 2020 ca. 7,7 Milliarden Menschen, davon ungefähr 60 % in Asien. Wie viele Menschen lebten folglich zu dieser Zeit in Asien?*

4) *Ebenfalls rund 60 % der Einwohner Asiens wohnten um das Jahr 2020 in China oder Indien. Rechne aus, wie viele Menschen in China oder Indien lebten!*

5) *China hat eine Flächengröße von ca. 9,6 Mio. km², Indien eine Flächengröße von ca. 3,9 Mio. km². Wie viele Einwohner je km² betrug um das Jahr 2020 die durchschnittliche Bevölkerungsdichte dieser beiden Staaten (zusammengerechnet)?*

KOHL VERLAG STATIONENLERNEN KONTINENTE Asien – Bestell-Nr. 12 772

Asien – diesmal mit Zahlen zum Rechnen ✶

Lösungen

Aufgaben:

1) $$\frac{x}{(100\ \%)} = \frac{44\ \cancel{000\ 000}}{149\ \cancel{000\ 000}} \quad |\ \bullet\ 100\ \% \qquad x = \frac{44 \bullet 100\ \%}{149} \approx \underline{29{,}5\ \%}$$

2) $$\frac{x}{(100\ \%)} = \frac{44\ \cancel{000\ 000}}{510\ \cancel{000\ 000}} \quad |\ \bullet\ 100\ \% \qquad x = \frac{44 \bullet 100\ \%}{510} \approx \underline{8{,}6\ \%}$$

3) $$\frac{x}{7\ 700\ 000\ 000} = \frac{60\ \%}{100\ \%} \quad |\ \bullet\ 7\ 700\ 000\ 000$$

$$x = \frac{60\ \% \bullet 7\ 700\ 000\ 000}{100\ \%} = 0{,}6\ \% \bullet 7\ 700\ 000\ 000 = \underline{4\ 620\ 000\ 000}$$

4) $$\frac{x}{4\ 620\ 000\ 000} = \frac{60\ \%}{100\ \%} \quad |\ \bullet\ 4\ 620\ 000\ 000$$

$$x = \frac{60\ \% \bullet 4\ 620\ 000\ 000}{100\ \%} = 0{,}6\ \% \bullet 4\ 620\ 000\ 000 = \underline{2\ 772\ 000\ 000}$$

5) 9,6 Mio. km^2 + 3,9 Mio. km^2 = 13,5 Mio. km^2 Gesamtfläche

$$\frac{2\ 772\ 000\ 000}{13\ 500\ 000} \approx \underline{205{,}3\ \text{Einw.} / km^2}$$

Politik in Asien

!

Asien

Aufgabe 1: **a)** *Textpuzzle: Bringe die anschließenden 12 Teile des Textpuzzles in die richtige (chrono)logische Reihenfolge! Nummeriere die Teile dementsprechend mit den Zahlen 1 bis 12!*

	Demokratie bedeutet Volksherrschaft.[1]
	4 der 13 Staaten weisen die Staatsform absolute Monarchie auf: Brunei, Katar, Oman, Saudi-Arabien.
	Die kommunistische Weltanschauung in Nordkorea, China, Vietnam sowie Laos dient tatsächlich den Machtinhabern dieser Staaten zum Erhalt der Diktatur.
	13 dieser Staaten sind (Stand: Jahr 2021) Monarchien (≈ Königreiche oder Ähnliches).
	Viele Länder Asiens gelten nicht als Demokratien, zumindest nicht als wirkliche (= echte) Demokratien.
	In Asien existieren fast 50 selbstständige Staaten.
	Staaten wie Nordkorea, China, Iran, Russland u.v.a.m. sind keine demokratischen, sondern autoritäre Staaten, ja Diktaturen.
	Ein Hauptkennzeichen von Demokratien ist die Verwirklichung politischer Rechte und Freiheiten (≈ Garantie der allgemeinen Menschenrechte).
	Absolute Monarchie heißt: Ein König bzw. ein anderer Adliger (z. B. Emir oder Sultan) herrscht im Staat (weitgehend) allein.
	Als kommunistische Staaten betrachten sich in Asien (nur) noch Nordkorea, China, Vietnam sowie Laos.
	Ein weiteres wesentliches Kennzeichen für Demokratien ist die Trennung der staatlichen Gewalt in die gesetzgebende Gewalt (= Legislative), ausführende Gewalt (= Exekutive) und richterliche Gewalt/Rechtsprechung (= Judikative).
	Als Kommunismus bezeichnet man eine Wirtschafts- und Gesellschaftsordnung, in der gemeinsamer Besitz und die soziale Gleichstellung die Grundlage bilden.[2]

b) *Schreibe nun die 12 Sätze in der richtigen (chrono)logischen Reihenfolge vollständig auf!*

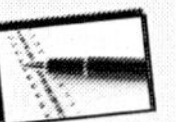

Aufgabe 2: *Wie beurteilst du die politische Situation in Asien? Begründe deine Meinung.*

[1] *demos* (grie.) = Volk + kratein (grie.) = herrschen
[2] *communis* (lat.) = gemeinsam

KOHL VERLAG STATIONENLERNEN KONTINENTE Asien – Bestell-Nr. 12 772

Politik in Asien

Aufgabe 1:

a)

1	In Asien existieren fast 50 selbstständige Staaten.
2	13 dieser Staaten sind (Stand: Jahr 2022) Monarchien (≈ Königreiche oder Ähnliches).
3	4 der 13 Staaten weisen die Staatsform absolute Monarchie auf: Brunei, Katar, Oman, Saudi-Arabien.
4	Absolute Monarchie heißt: Ein König bzw. ein anderer Adliger (z. B. Emir oder Sultan) herrscht im Staat (weitgehend) allein.
5	Viele Länder Asiens gelten nicht als Demokratien, zumindest nicht als wirkliche (= echte) Demokratien.
6	Staaten wie Nordkorea, China, Iran, Russland u. v. a. m. sind keine demokratischen, sondern autoritäre Staaten, ja Diktaturen.
7	Demokratie bedeutet Volksherrschaft.[1]
8	Ein Hauptkennzeichen von Demokratien ist die Verwirklichung politischer Rechte und Freiheiten (≈ Garantie der allgemeinen Menschenrechte).
9	Ein weiteres wesentliches Kennzeichen für Demokratien ist die Trennung der staatlichen Gewalt in die gesetzgebende Gewalt (= Legislative), ausführende Gewalt (= Exekutive) und richterliche Gewalt/Rechtsprechung (= Judikative).
10	Als kommunistische Staaten betrachten sich in Asien (nur) noch Nordkorea, China, Vietnam sowie Laos.
11	Als Kommunismus bezeichnet man eine Wirtschafts- und Gesellschaftsordnung, in der gemeinsamer Besitz und die soziale Gleichstellung die Grundlage bilden.[2]
12	Die kommunistische Weltanschauung in Nordkorea, China, Vietnam sowie Laos dient tatsächlich den Machtinhabern dieser Staaten zum Erhalt der Diktatur.

Aufgabe 2: Individuelle Lösungen

Hauptgebäude der russischen Regierung

Panmunjeom, Grenze Südkorea-Nordkorea, entmilitarisierte Zone

---

[1] *demos* (grie.) = Volk + kratein (grie.) = herrschen
[2] *communis* (lat.) = gemeinsam

Wirtschaft in Asien

!

Durch die Globalisierung (= weltweite Verflechtung) ist Asien am Welthandel (weitaus) stärker beteiligt als früher. Die wichtigsten landwirtschaftlichen Produkte und Ausfuhrgüter Asiens umfassen Reis, Hirse, Sojabohnen, Zucker, tropische Früchte, Tee, Fische ... Asien besitzt auch etliche Bodenschätze. Exportiert werden u. a. Kupfer, Zinn, Mangan, Steinkohle, Eisenerz, Erdgas und besonders Erdöl.

Insbesondere Staaten wie Saudi-Arabien, Vereinigte Arabische Emirate, Katar, Bahrain, Kuwait, Iran ... (= Golfstaaten) verdanken ihren wirtschaftlichen Aufschwung, ja Reichtum der Ausfuhr von weltweit benötigtem Erdöl und Erdgas. Einen raschen wirtschaftlichen Aufschwung verzeichneten auch die sogenannten „Tigerstaaten" in Ost- und Südostasien, vor allem Südkorea, Taiwan, Singapur. Als „Tigerstaaten" bezeichnet man die Staaten, denen es schnell gelang, zu einem Industriestaat zu werden.

Zu den besonders leistungsfähigen Industriestaaten in Asien zählen schon länger Japan und Israel. In jüngster Zeit hat China seine wirtschaftlichen Aktivitäten sehr verstärkt und ausgedehnt. China ist weltweit betrachtet eine bedeutende Wirtschaftsmacht geworden – ein großer Konkurrent der USA.

Aufgaben: *Antworte in eigenen vollständigen Sätzen.*

1) Wieso ist Asien heutzutage stärker am Welthandel beteiligt als früher?

____

2) Welche landwirtschaftlichen Produkte werden aus Asien vor allem ausgeführt?

____

____

3) Welche Bodenschätze sind Exportgüter Asiens?

____

____

4) Weshalb insbesondere kam es zum wirtschaftlichen Aufschwung in den Golfstaaten?

____

____

5) „Tigerstaaten" – was sind das?

____

____

6) Was lässt sich wirtschaftlich gesehen über China sagen?

____

____

KOHL VERLAG Lernen mit Erfolg STATIONENLERNEN KONTINENTE Asien – Bestell-Nr. 12 772

Wirtschaft in Asien

!

Lösungen

Aufgaben:

1) Wesentlicher Grund dafür ist die (zunehmende) Globalisierung.

2) Aus Asien werden vor allem ausgeführt Reis, Hirse, Sojabohnen, Zucker, tropische Früchte, Tee, Fische

3) Exportiert werden auch Bodenschätze wie Kupfer, Zinn, Mangan, Steinkohle, Eisenerz, Erdgas, Erdöl

4) Der wirtschaftliche Aufschwung in den Golfstaaten ist besonders auf das dort vorhandene Erdöl und Erdgas zurückzuführen – Rohstoffe, die weltweit benötigt werden.

5) Als „Tigerstaaten" gelten und werden die Staaten in Ost- und Südostasien bezeichnet, die (relativ) schnell zu Industriestaaten wurden: Südkorea, Taiwan, Singapur ...

6) China ist zu einer wirtschaftlichen Großmacht aufgestiegen, die die führende Wirtschaftsposition der USA gefährdet.

Wirtschaftsmanager, arabische Halbinsel

Markt in Jerusalem, Israel

Hafen in Shanghai

Reisanbau auf Terrassen, Philippinen

Rekordhalter in Asien

Lösungen

Aufgabe: *Was ist was? Ordne die Namen in den weißen Balken auf der Karte unten richtig zu.*

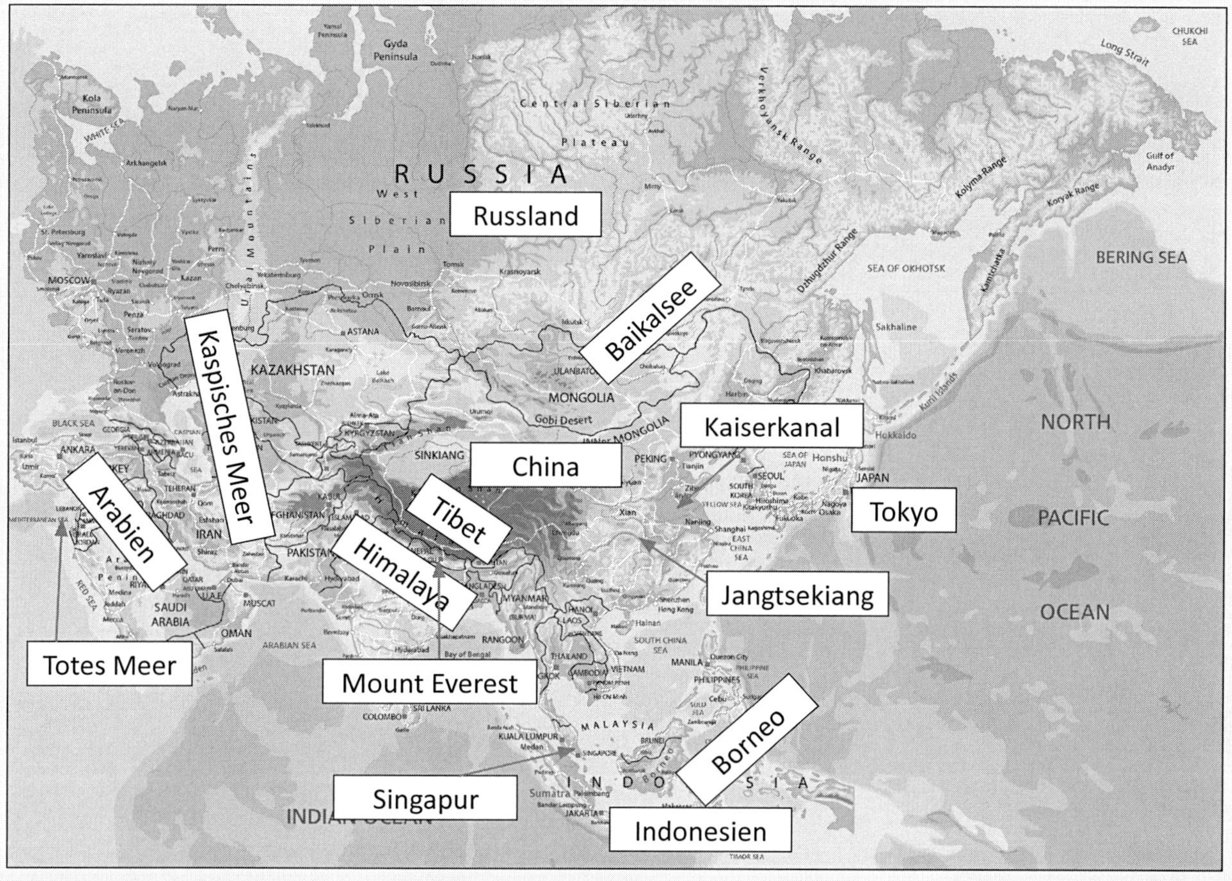

1) Flächengrößter Staat:	
2) Bevölkerungsreichster Staat:	
3) Staat mit der höchsten Bevölkerungsdichte:	
4) Städtischer Ballungsraum mit den meisten Bewohnern:	
5) Größte Halbinsel:	
6) Größte Insel:	
7) Größter Inselstaat:	
8) Größter Binnensee:	
9) Tiefster Binnensee:	
10) Tiefste Stelle auf dem Land (Höhe Meeresspiegel):	
11) Höchstes Gebirge:	
12) Höchster Berg:	
13) Größte Hochebene:	
14) Längster Fluss:	
15) Längste künstliche Wasserstraße:	

STATIONENLERNEN KONTINENTE Asien – Bestell-Nr. 12 772
KOHL VERLAG

Rekordhalter in Asien

Aufgabe: *Was ist was? Ordne die Namen in den weißen Balken auf der Karte unten richtig zu.*

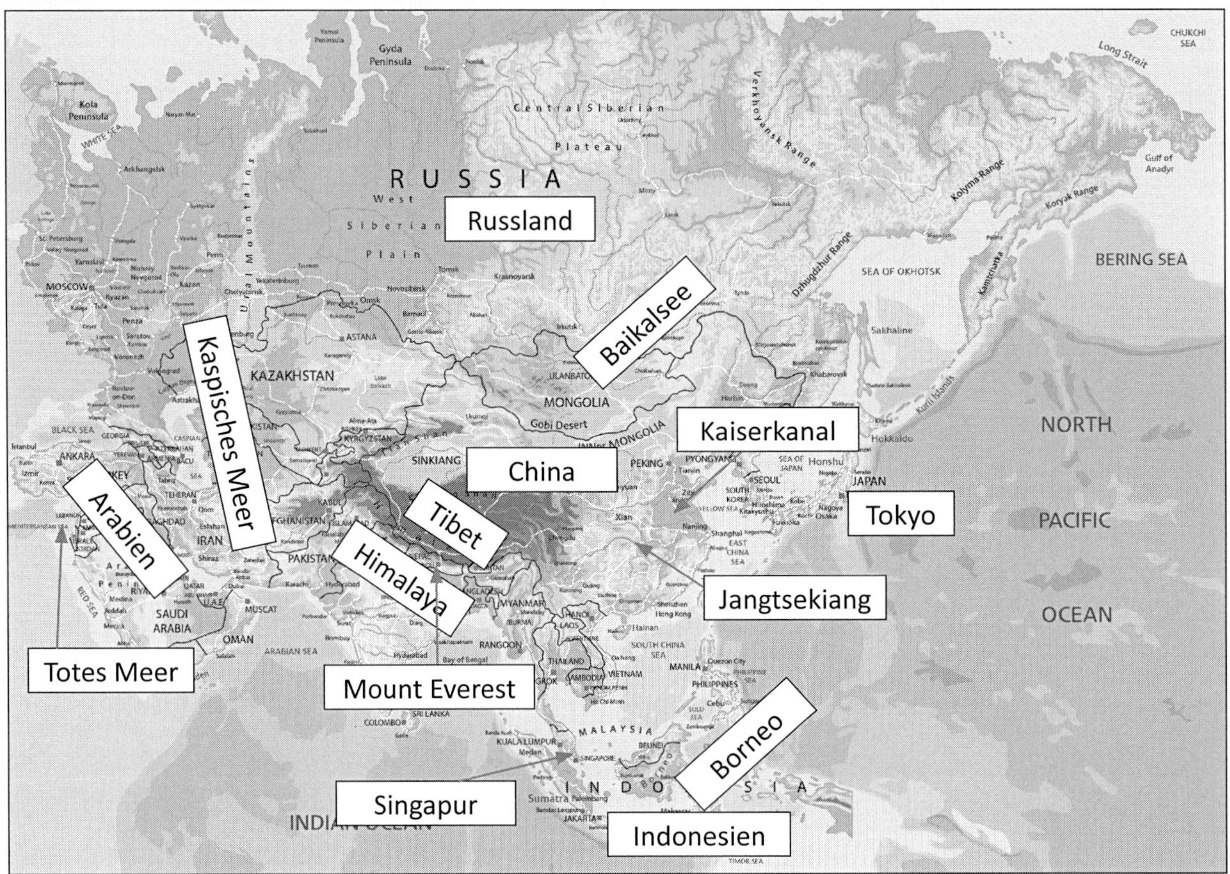

1) Flächengrößter Staat:	Russland
2) Bevölkerungsreichster Staat:	China
3) Staat mit der höchsten Bevölkerungsdichte:	Singapur
4) Städtischer Ballungsraum mit den meisten Bewohnern:	Tokyo
5) Größte Halbinsel:	Arabien
6) Größte Insel:	Borneo
7) Größter Inselstaat:	Indonesien
8) Größter Binnensee:	Kaspisches Meer
9) Tiefster Binnensee:	Baikalsee
10) Tiefste Stelle auf dem Land (Höhe Meeresspiegel):	Totes Meer
11) Höchstes Gebirge:	Himalaya
12) Höchster Berg:	Mount Everest
13) Größte Hochebene:	Tibet
14) Längster Fluss:	Jangtsekiang
15) Längste künstliche Wasserstraße:	Kaiserkanal

Das weiß ich über Asien zu diesen Themen !

Asien

Aufgabe: *Äußere dich schriftlich zu vier der angegebenen Themen jeweils in mindestens drei eigenen ganzen Sätzen.*

- Vegetation(szonen)
- Lage im Gradnetz der Erde
- Größe, Ausdehnung
- Zeitzonen
- Staaten
- Klimazonen
- Sehenswürdigkeiten
- Tierwelt
- Relief
- Religionen
- Kulturerdteil
- Geschichte

STATIONENLERNEN KONTINENTE Asien – Bestell-Nr. 12 772
KOHL VERLAG

Kreuzworträtsel

Asien

Aufgabe: *Gesucht werden waagerecht 12 Begriffe oder Namen. Dann ergibt sich senkrecht in den hervorgehobenen Kästchen ein Lösungsbegriff.*

1 = Kulturerdteil
2 = Binnensee
3 = Bodenschatz
4 = Halbinsel
5 = Nahrungsmittel
6 = Hochgebirge
7 = Weltreligion

8 = Tierart
9 = Staat in Vorderasien
10 = bevölkerungsreichster Staat
11 = Fluss in Südostasien
12 =Vegetationszone in Nordasien

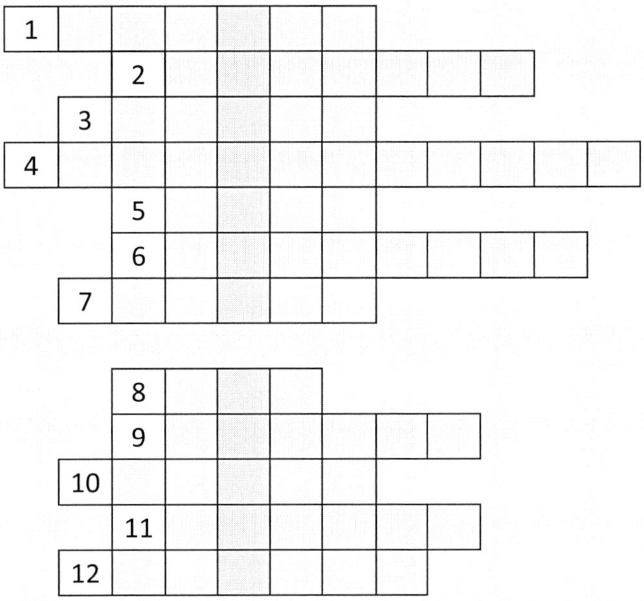

STATIONENLERNEN KONTINENTE Asien – Bestell-Nr. 12 772
KOHL VERLAG

Das weiß ich über Asien zu diesen Themen

!

Asien

Lösungen

Aufgabe: Individuelle Lösungen

Kreuzworträtsel

Asien

Lösungen

Aufgabe:

1 = Kulturerdteil
2 = Binnensee
3 = Bodenschatz
4 = Halbinsel
5 = Nahrungsmittel
6 = Hochgebirge
7 = Weltreligion

8 = Tierart
9 = Staat in Vorderasien
10 = bevölkerungsreichster Staat
11 = Fluss in Südostasien
12 =Vegetationszone in Nordasien

1	O	R	I	E	N	T					
		2	A	R	A	L	S	E	E		
	3	E	R	D	Ö	L					
4	K	A	M	T	S	C	H	A	T	K	A
		5	R	E	I	S					
		6	H	I	M	A	L	A	Y	A	
	7	I	S	L	A	M					

	8	Y	A	K			
	9	I	S	R	A	E	L
10	C	H	I	N	A		
	11	M	E	K	O	N	G
12	T	U	N	D	R	A	

Wörterkette: Was fällt dir zu Asien ein? 

Asien

Aufgabe: *Bilde eine möglichst lange Wörterkette. Die Regel ist: Stets muss das nachfolgende Wort mit dem Endbuchstaben des unmittelbar zuvor genannten Namens oder Begriffes beginnen. Setze die Wörterkette möglichst weit fort.*

Beispiel: Der Beginn einer Wörterkette:
Asien – Nepal (= Staat) – Lena (= Fluss) – ...

Meine Reise 

Asien

Aufgabe: *Überlege dir eine eigene Reise durch den Erdteil Asien. Beschreibe deine Reiseroute näher: Welche Staaten, Städte, Gebiete, Sehenswürdigkeiten ... möchtest du auf deiner Reise besuchen? Notiere deinen Text zur Reise zunächst in Kladde, dann in Schönschrift. Füge eine Kartenskizze deiner Reiseroute hinzu.*

KOHL VERLAG Lernen mit Erfolg STATIONENLERNEN KONTINENTE Asien – Bestell-Nr. 12 772

Wörterkette: Was fällt dir zu Asien ein?

Asien

Lösungen

Aufgabe: Individuelle Lösungen, wie z. B.:

Afghanista**n** (= Staat) – **N**ordkore**a** (= Staat)
– **A**mu**r** (= Fluss) – **R**ia**d** (= Stadt)
– **D**hak**a** (= Stadt) – **A**rara**t** (= Berg)
– **T**oky**o** (= Stadt) – **Ob** (= Fluss)
– **B**aikalse**e** (= Binnensee) – **E**uphra**t** (= Fluss)
– **T**igri**s** (= Fluss) – **S**hangha**i** (= Stadt)
– **I**ra**k** (= Staat) – **K**aukasu**s** (= Gebirge)
– **S**achali**n** (= Insel) – ...

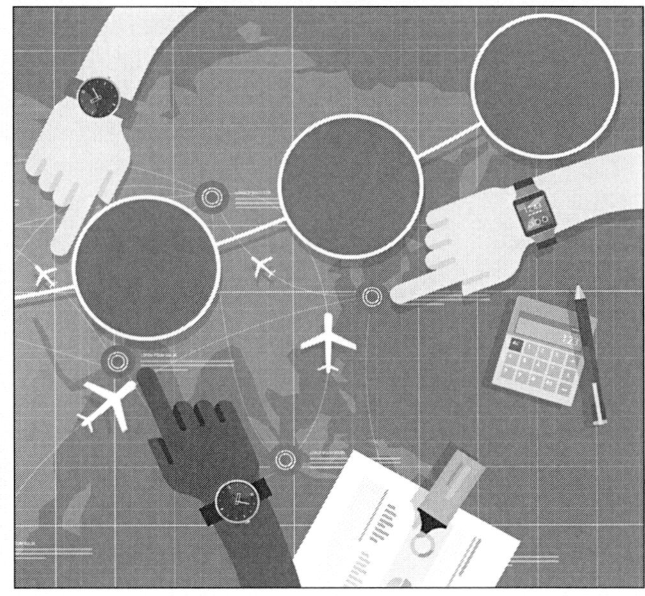

Meine Reise

Asien

Lösungen

Aufgabe: Individuelle Lösungen

Touristen auf Bootsfahrt, Vietnam

Touristen auf einem Elefant, Thailand

Steckbrief eines asiatischen Staates 

Aufgabe: *Suche dir einen asiatischen Staat aus und erstelle ein (kurzes) Porträt!*

(Kurzes) Porträt des Staates: ________________ mit der Hauptstadt: ________________

1) Flagge des Staates:

2) Umrisse des Staates (Skizze):

3) räumliche Lage des Staates:

4) Nachbarstaaten:

5) weitere (sehr) große Städte des Staates:

6) Einwohnerzahl: Flächengröße: Bevölkerungsdichte:

7) Große Gebirge, hohe Berge im Staat:

8) lange Flüsse und große Binnenseen:

9) Klima(zonen), Vegetation im Staat:

10) Sehenswürdigkeiten, Besonderheiten, Sonstiges des Staates:

KOHL VERLAG STATIONENLERNEN KONTINENTE Asien – Bestell-Nr. 12 772

Steckbrief eines asiatischen Staates

Lösungen

Aufgabe: Individuelle Lösungen, wie z. B.:

(Kurzes) Porträt des Staates Myanmar mit der Hauptstadt Naypyidaw

1) Flagge des Staates:

2) Umrisse des Staates (Skizze):

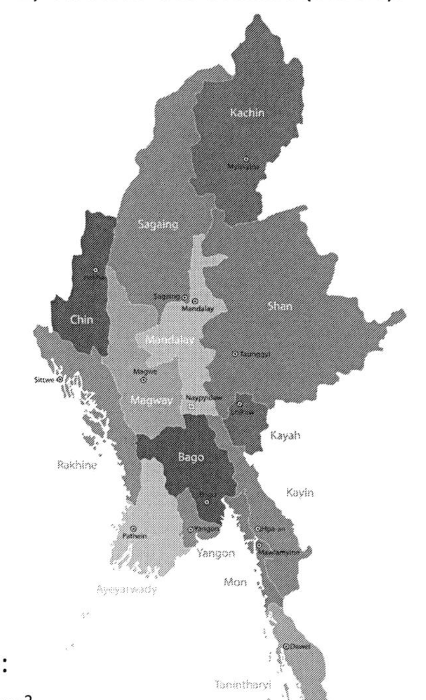

3) räumliche Lage des Staates:

grenzt im Osten an China, Laos und Thailand, im Westen an Indischen Ozean

4) Nachbarstaaten:

Bangladesch, Indien, China, Laos, Thailand

5) weitere (sehr) große Städte des Staates:

Yangon, Mandalay, Mawlamyaing, Bago

6) Einwohnerzahl:	Flächengröße:	Bevölkerungsdichte:
54,4 Mio.	676 578 km²	83 Einwohner pro km²

7) Große Gebirge, hohe Berge im Staat:

- Hkakabo Razi (5 881 m, höchster Berg Südostasiens);
- Kachin-Bergland (südlicher Ausläufer des Himalaya);
- Arakan-Joma-Gebirge (bis zu 3 000 m hoch)

8) lange Flüsse und große Binnenseen:

- Irrawaddy (2 170 km);
- Saluen (2 980 km);
- Sittaung (420 km);
- Inle-See (Nord-Süd-Ausdehnung von ca. 22 km)

9) Klima(zonen), Vegetation im Staat:

- nördliche Hälfte in den Subtropen;
- südliche Hälfte in den Tropen;
- im Einflussbereich des indischen Monsuns

10) Sehenswürdigkeiten, Besonderheiten, Sonstiges des Staates:

- Inle-See mit 17 Dörfern innerhalb des Sees und am Seeufer;
- Myanmar = derzeit eine Militärdiktatur

Inle-See

Wer wird Quiz-Champion?

Fachgebiet:
Asien 1

Aufgabe 1: *Schreibe die Buchstaben der richtigen Antworten in den Lösungsstreifen neben Antwort D.*

	Frage	A	B	C	D	Lösung
1	Welcher Staat gehört nicht zu den 3 größten Staaten in Asien?	Indien	China	Mongolei	Russland	
2	Welchen Staat in Asien durchläuft der nördliche Wendekreis nicht?	Saudi-Arabien	Myanmar	Bangladesch	Laos	
3	Aus etwa wie vielen Inseln besteht das Staatsgebiet der Malediven?	500	1 000	1 200	1 500	
4	Wie kalt wird es im Inneren Ostsibiriens ungefähr?	– 40 °C	– 50 °C	– 60 °C	– 70 °C	
5	Welches Tier lebt nicht in der Indischen Tierregion?	Orang-Utans	Yaks	Nashörner	Büffel	
6	Welche Religion ist in Thailand vorherrschend?	Buddhismus	Islam	Taoismus	Hinduismus	
7	Welche Pflanzen findet man nicht in der Tundra?	Moose	Bäume	Gräser	kleine Sträucher	
8	Welcher Staat gehört nicht zu den 3 bevölkerungsreichsten von Asien?	Thailand	Indonesien	China	Indien	
9	Welches Land ist kein Nachbarland von Usbekistan?	Turkmenistan	Tadschikistan	Kasachstan	Pakistan	
10	Welcher Staat besitzt die höchste Bevölkerungsdichte Asiens?	Indonesien	Thailand	Singapur	Indien	

Lösung Quiz Asien 1: C D C D B A B A D C
1 2 3 4 5 6 7 8 9 10

Wer wird Quiz-Champion?

Fachgebiet:
Asien 2

Aufgabe 1: *Schreibe die Buchstaben der richtigen Antworten in den Lösungsstreifen neben Antwort D.*

	Frage	A	B	C	D	Lösung
1	Wie viele Einwohner pro km² leben in Asien im Durchschnitt?	50	100	150	200	
2	Welchen Bruchteil nimmt Sibirien an der Gesamtfläche Asiens fast ein?	die Hälfte	ein Fünftel	ein Viertel	ein Drittel	
3	Welche Aussage über Nordkorea ist falsch?	Hauptstadt = Seoul	Diktatur	besitzt Atomwaffen	Staatsform = Volksrepublik	
4	Asien umfasst als Erdteil eine Fläche von ca. wie viel Mio. km²?	54	44	41	35	
5	Welcher Staat hat keinen Anteil am Himalaya?	Tadschikistan	Myanmar	China	Pakistan	
6	Welches Land ist kein Nachbarland von Thailand?	Kambodscha	Laos	Vietnam	Myanmar	
7	Was ist die Staatsreligion in Katar?	Buddhismus	Islam	Christentum	Taoismus	
8	Welches Tier lebt nicht in der afrikanischen Tierregion Asiens?	Antilopen	Dromedare	Paviane	Nashörner	
9	Beirut ist die Hauptstadt von ...	Oman	Syrien	Israel	Libanon	
10	Das Zagrosgebirge ist das größte Gebirge vom Land ...	Afghanistan	Iran	Kirgisistan	Aserbaidschan	

Lösung Quiz Asien 2: C D A B A C B D D B
1 2 3 4 5 6 7 8 9 10